CHOCOLATE GOURMET

WILLIAM CURLEY

Fotografias de Jose Lasheras

Para Suzue, minha inspiração,
e nossa filha adorável, Amy Rose.

Título original em inglês: *Couture Chocolate*
Copyright de texto e projetos © William Curley 2011
Copyright de fotografia, *layout* e design © Jacqui Small LLP 2011

Este livro foi publicado pela Jacqui Small, um selo da Aurum Press Limited, 7 Greenland Street, London NW1 0ND, UK.

Este livro contempla as regras do Novo Acordo Ortográfico da Língua Portuguesa.

Editor gestor: Walter Luiz Coutinho
Editora de traduções: Denise Yumi Chinem
Produção editorial: Priscila Mota

Tradução: Eni Rodrigues

Revisão de tradução e revisão de prova: Depto. editorial da Editora Manole
Diagramação: Tkd Editoração Ltda.
Adaptação da capa para a edição brasileira: Depto. de arte da Editora Manole
Fotografias: Jose Lasheras

Dados Internacionais de Catalogação na Publicação (CIP)
(Câmara Brasileira do Livro, SP, Brasil)

    Curley, William
       Chocolate gourmet : arte e técnica para profissionais / William Curley ; fotografias de Jose Lasheras ; [tradução Eni Rodrigues]. -- 1. ed. -- Barueri, SP : Manole, 2013.

       Título original: Couture chocolate.
       ISBN 978-85-204-3663-9

       1. Culinária (Chocolate) 2. Receitas I. Lasheras, Jose. II. Título.

13-04176   CDD-641.6374

Índices para catálogo sistemático:
1. Chocolate : Receitas culinárias : Economia doméstica   641.6374

Nenhuma parte deste livro poderá ser reproduzida, por qualquer processo, sem a permissão expressa dos editores.
É proibida a reprodução por xerox.
A Editora Manole é filiada à ABDR – Associação Brasileira de Direitos Reprográficos.

Edição brasileira – 2013

Direitos em língua portuguesa adquiridos pela:
Editora Manole Ltda.
Av. Ceci, 672 – Tamboré
06460-120 – Barueri – SP – Brasil
Tel.: (11) 4196-6000 – Fax: (11) 4196-6021
www.manole.com.br
info@manole.com.br

Impresso na China
Printed in China

SUMÁRIO

Prefácio 6

Uma apresentação ao chocolate 8

Os fundamentos do chocolate 10

Trufas 24

Chocolates *gourmet* 42

Barras e confeitos 84

Bouchées 108

Bolos e biscoitos 128

Pâtisserie 150

Sorvetes, caldas e bebidas 198

Ingredientes e equipamentos 218
Índice remissivo 220
Guia de fornecedores 223

Sobre o autor e o fotógrafo 224
Agradecimentos 224

PREFÁCIO

Fiquei muito feliz por William ter me procurado para escrever o prefácio do seu tão esperado livro. Em meus 35 anos de atuação nessa área, vi poucos profissionais se destacarem tanto quanto ele – é um *chef pâtissier* fantástico e um extraordinário mestre *chocolatier*.

Quando começou a trabalhar para mim, no La Tante Claire, ele era um jovem entusiasta – sempre se empenhando ao máximo, fazendo perguntas, experimentando novas receitas e métodos, esforçando-se para criar pratos inovadores e estimulantes, constantemente ultrapassando os próprios limites e desafiando sua própria habilidade.

A base da minha culinária era preparar tudo começando do zero, algo que nunca foi muito comum em cozinhas de restaurantes. Acredito que qualquer *chef* deva ter a liberdade de criar, de preparar o que desejar e de se tornar o profissional que sempre aspirou ser. Essa é uma filosofia que William compartilha e tem seguido ao longo de sua carreira. Um *chef* está constantemente aprendendo, a cada minuto do dia. Não é possível saber tudo; não há um ponto final no aprendizado.

William começou a trabalhar como aprendiz em minha cozinha no La Tante Claire. Ele era responsável pelos *petit fours* e, quando nos deixou, havia se tornado um *chef pâtissier* extremamente talentoso. Continuou a crescer profissionalmente, construiu as bases de suas criações e ganhou terreno, trabalhando em alguns dos restaurantes mais renomados do mundo. Mais tarde, tornou-se o *chef pâtissier* do The Savoy, onde conheceu sua esposa, Suzue. Atualmente, o casal possui duas lojas incríveis, de chocolates e doces finos, em Richmond e em Belgravia. Em Paris, existem inúmeras lojas desse tipo, mas o mesmo não acontece no Reino Unido; assim, caso decida visitar uma dessas lojas, a de William Curley deve, definitivamente, estar no topo de sua lista.

Este livro oferece uma visão detalhada dos chocolates e doces finos de William, bem como das ideias e inspirações por trás de suas combinações inovadoras de sabor, e deve ter um lugar de destaque na cozinha de todo amante do chocolate.

Pierre Koffmann
Proprietário do La Tante Claire, 3 estrelas Michelin, e chef executivo do Koffmann's, ambos em Londres.

UMA APRESENTAÇÃO AO CHOCOLATE

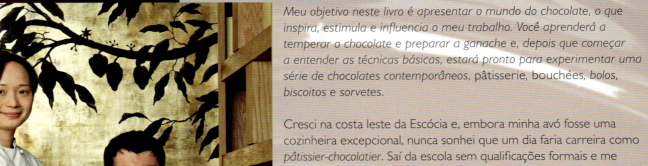

Meu objetivo neste livro é apresentar o mundo do chocolate, o que inspira, estimula e influencia o meu trabalho. Você aprenderá a temperar o chocolate e preparar a ganache e, depois que começar a entender as técnicas básicas, estará pronto para experimentar uma série de chocolates contemporâneos, pâtisserie, bouchées, bolos, biscoitos e sorvetes.

Cresci na costa leste da Escócia e, embora minha avó fosse uma cozinheira excepcional, nunca sonhei que um dia faria carreira como *pâtissier-chocolatier*. Saí da escola sem qualificações formais e me inscrevi em uma faculdade local, onde fui imediatamente atraído pela culinária – torta *bakewell*, *éclairs* de chocolate e bolos Dundee… era difícil resistir. Dois anos mais tarde, tornei-me um ávido aprendiz do lendário Ian Ironside, no Gleneagles Hotel em Perthshire, e foi então que começou meu caso de amor com a arte do chocolate e da *pâtisserie*. Com minha atividade profissional em pleno curso, a cozinha do restaurante três estrelas Michelin de Pierre Koffmann, o La Tante Claire, acenou para mim. Ele realmente me abriu as portas e orientou minha carreira na direção certa; a partir daí, os grandes *chefs* Raymond Blanc, Marco Pierre White, Anton Edelmann e Marc Meneau foram fundamentais para dar ao meu trabalho sua característica mais importante: nunca desistir de atingir a perfeição.

Sempre acreditei na utilização dos melhores ingredientes – a cobertura mais refinada é essencial, tudo deve ser fresco e natural, evitando conservantes, aromatizantes e aditivos artificiais.
É importante que os *chefs* principiantes fundamentem muito bem o seu trabalho. Para mim, como pode ser confirmado neste livro, modernizar pratos e receitas clássicas é muito importante. Você irá encontrar *pâtisseries* clássicas como o mil-folhas (ver p. 166) e o chocolate com damasco e *wasabi*, de inspiração japonesa (ver p. 72). Minha intenção também é alegrar as pessoas com os *teacakes* de laranja (ver p. 126) e a barra de chocolate e coco (ver p. 114) – nossa homenagem às famosas barras de chocolate. Gosto de ser criativo e de experimentar novos pratos e combinações – procurar uniões improváveis entre ingredientes também é um grande desafio.

Por meio de Suzue, tenho sido inspirado pela culinária japonesa, com seus doces e chocolates vibrantes; entretanto, sempre apreciei muito as minhas viagens para a França. Não muito tempo atrás, antes mesmo do Eurostar, eu costumava pegar o ônibus noturno para Paris e passar o fim de semana inteiro vagando pelas ruas, olhando as confeitarias e lojas de chocolate e me deliciando com seus produtos, sonhando que um dia eu teria a minha própria loja.

Fico muito entusiasmado em poder ensinar e treinar os jovens. Nossas lojas estão repletas de aprendizes, muitos dos quais trabalham hoje em diferentes seções de nossa cozinha. Em nosso ofício, é muito importante ensinar e inspirar as próximas gerações.

OS FUNDAMENTOS DO CHOCOLATE

A DESCOBERTA DO CACAU

O cacau selvagem era consumido originalmente por volta do ano 1500 a.C., pelos olmecas. Acredita-se que eles foram os primeiros a usá-lo no preparo de bebidas, esmagando os grãos de cacau e cozinhando-os com água e condimentos, como a pimenta *chili*.

Os olmecas também foram os primeiros a desenvolver métodos eficazes de cultivo, seguidos mais tarde pelos astecas e maias. Logo o grão de cacau se tornou uma mercadoria de grande valor na Mesoamérica, usado como moeda e como parte de rituais religiosos.

Em 1502, Cristóvão Colombo recebeu um saco cheio de grãos de cacau quando desembarcou na ilha de Guanaja, mas ele não percebeu o potencial valor do presente. Depois, em 1519, Hernán Cortés chegou à costa do atual México e deu início à sua famosa conquista do Império Asteca. A real importância desse ouro marrom não foi reconhecida até que a bebida fosse servida a Cortés, que a saboreou junto com o imperador asteca Montezuma. Depois disso, os invasores espanhóis começaram a misturar à bebida produtos locais (como cana de açúcar, baunilha, canela e pimenta), para adaptá-la às suas preferências. Ao retornar a sua terra natal, Cortés estava em desgraça por não ter encontrado ouro e, por isso, somente em 1544 o chocolate foi oficialmente levado à Espanha, por ilustres visitantes maias.

Durante o século XVII, o cacau começou a chegar a outros portos europeus, conquistando facilmente o paladar dos habitantes de cada região. No final daquele século, lojas de chocolate e café, como o The Coffee Mill e o Tobacco Roll (alguns dos primeiros clubes de cavalheiros da história), foram abertas em Londres e, em 1674, elas começaram a oferecer o chocolate em pastilhas e, mais tarde, em produtos de panificação, como bolos.

O holandês Coenraad J. Van Houten inventou a primeira prensa hidráulica do mundo para separar a manteiga de cacau (uma gordura vegetal comestível e amarelada, retirada do grão de cacau) da massa de cacau, e assim extrair e separar dois terços da gordura. A massa remanescente era considerada mais digerível e desse modo, pela primeira vez, surgiu a produção do cacau em pó. O inventor também patenteou a adição de álcali ao cacau em pó (criando o cacau holandês), dando a ele uma coloração mais escura e avermelhada, combatendo sua acidez natural e, com isso, melhorando seu sabor.

Em 1847, com base nas invenções de Van Houten, o J. S. Fry & Sons de Bristol desenvolveu pela primeira vez o chocolate como é conhecido atualmente. Eles inventaram uma maneira de juntar a manteiga de cacau novamente ao chocolate holandês, acrescentando açúcar e formando uma pasta que podia ser moldada. O resultado foi a primeira barra de chocolate.

Com a Revolução Industrial em pleno andamento, empresas de chocolate foram abertas por toda a Europa. Nascia a indústria do chocolate.

Ao lado: Da Amedei (ver p. 16), o fruto, os grãos e os *nibs* de cacau do Caribe.

As origens do cacau

O cacau é originário da América do Sul, cultivado na Venezuela, Equador, México e Caribe. Esses países continuam a cultivá-lo e são conhecidos por produzir alguns dos melhores frutos do mundo.

O cacaueiro vive entre as árvores altas das florestas tropicais, que protegem seu aspecto frágil do excesso de vento e chuva. A planta cresce melhor em locais com índices altos de umidade, a 10-20° latitude de cada lado da Linha do Equador, e foi por essa razão que o cacau migrou pelo planeta. A planta floresce em ambiente muito úmido, em temperaturas de cerca de 20-35°C, ao longo da costa da África, em Madagascar, na Indonésia e também na Malásia.

Existem três variedades de cacaueiro:

Criollo O fruto do criollo produz uma pequena quantidade de grãos de qualidade superior e sabor delicado, mas, ainda assim, complexo. O criollo representa apenas 2-3% do mercado mundial de cacau e é nativo da América Central, sendo atualmente cultivado no Caribe.

Forastero O forastero é o tipo de cacau mais comum, representando 85% da produção mundial, o que se deve à sua natureza robusta e capacidade de produzir grandes colheitas. Embora seja nativo da Amazônia, ele constitui toda a produção de cacau da África.

Trinitário O trinitário é um híbrido das variedades criollo e forastero. Ele se originou em Trinidad depois da introdução do forastero à produção local do criollo.

DO GRÃO À BARRA

O **fruto do cacau** é retirado manualmente do cacaueiro com a ajuda de um facão ou um instrumento de cabo longo.

Os **grãos de cacau** são cuidadosamente removidos do fruto depois de aberto.

Os *nibs* de cacau são obtidos depois que os grãos são torrados e suas cascas externas removidas.

Massa de cacau é o nome que se dá à pasta produzida quando os *nibs* são esmagados.

A **manteiga de cacau** é extraída da massa prensada ou escorrida.

O **cacau em pó** é o resíduo que sobra quando a manteiga de cacau é extraída.

O **chocolate para cobertura** é o estágio final do preparo do chocolate, atingido quando a manteiga é misturada à massa e, então, processada com açúcar e baunilha.

O Theobroma cacao (*cacaueiro*) teve origem na América do Sul, mas migrou por todo o mundo, da África Ocidental ao Caribe e à Malásia. Há 5 a 6 milhões de produtores de cacau em todo o mundo e 40-50 milhões de pessoas que dependem do cacau para sua subsistência.

O cacaueiro produz duas safras por ano, uma colheita maior e outra secundária. Os períodos de colheita dependem do país onde é realizada. Os frutos maduros são cortados do caule ou derrubados com o auxílio de uma vara. Depois, o fruto é dividido ao meio e os grãos e a polpa são retirados. Em seguida, eles são colocados em grandes caixas de madeira, geralmente forradas com folhas de bananeira – a polpa doce ajuda no processo de fermentação que desenvolve o sabor do cacau. A fermentação leva cerca de 4 a 6 dias.

Os grãos são espalhados sobre grandes bandejas e secam naturalmente ao sol; essa secagem também acrescenta sabor ao cacau – e geralmente leva de 1 a 2 semanas. Depois disso, eles são classificados, embalados em sacos de juta e enviados aos fabricantes de chocolate. Nas fábricas, eles são ligeiramente torrados para apurar o sabor, e então triturados em uma máquina; em seguida, as cascas são removidas e os *nibs*, resultantes desse processo, classificados.

Os *nibs* são moídos passando por uma série de cilindros que os transformam em massa ou licor de cacau. A massa, juntamente com mais manteiga de cacau, açúcar e baunilha (e, algumas vezes, lecitina de soja), é levada a um misturador que a esmaga e amassa, formando o chocolate que, nesse estágio, tem uma textura arenosa ao paladar. Para que a textura fique lisa e sedosa, a mistura deve passar pelo processo de conchagem (que também irá tirar todo o sabor amargo restante). "Conchagem" vem da palavra espanhola *concha*, cujo significado é o mesmo em português, e é uma referência ao recipiente em que o chocolate era mantido, que tinha a forma de uma concha de molusco. Na Amedei, cilindros de granito moem o chocolate até deixá-lo com a textura aveludada. O sabor, o aroma e a textura característicos do chocolate são desenvolvidos nesse estágio. Para uma versão comercial, o tempo é de 12 horas; entretanto, para obter uma qualidade extra, o tempo é bem mais longo (cerca de 40 a 70 horas).

Ao lado: Pedaços de chocolate para cobertura.

O CHOCOLATE NA PRÁTICA

Escolha os ingredientes com cuidado e esteja preparado para pesquisar bem até encontrar exatamente o que procura. Independentemente do que você decida preparar, nunca abra mão de usar os ingredientes adequados.

O perfil do chocolate

Chocolate para cobertura Este é o chocolate da mais alta qualidade, cujo uso sempre é recomendado em nossas receitas. Ele contém cerca de 32 a 39% de manteiga de cacau, o que significa que o chocolate, com a temperagem correta, vai obter uma textura crocante ao quebrar, sabor equilibrado e um belo brilho. A alta quantidade de manteiga de cacau utilizada torna-o fácil de manusear e forma uma casca mais fina que os demais por conter menos gordura. O percentual de sólidos de cacau de uma barra de chocolate é calculado apenas pela quantidade de massa e manteiga de cacau, e o conteúdo restante é formado por açúcar, baunilha e, às vezes, lecitina de soja.

O chocolate para cobertura é o ingrediente mais importante para o nosso trabalho e, em nossa opinião, a marca Amedei efetivamente lidera essa categoria. Todas as receitas, em nossas lojas e neste livro, são desenvolvidas para aproveitar as melhores qualidades do chocolate dessa marca.

Fundada em Pontedera, uma pequena cidade da Toscana, a Amedei fabrica chocolates finos usando somente grãos Trinitário e Criollo e produz *blends* equilibrados e elaborados que usamos em todas as nossas criações. Eles utilizam alguns dos grãos mais finos do mundo, e cada estágio do processo é seguido com o máximo cuidado. A Amedei realiza mais de 70 horas de conchagem para cada *blend*, assegurando que sua produção seja única. Seu chocolate não contém lecitina de soja, o que pode levar a um resultado ligeiramente mais espesso, principalmente durante a temperagem. É preciso ficar atento a isso.

Há um grande número de outros produtores de chocolate finos, como Valrhona, Michel Cluizel, Pralus e Amano. No Guia de fornecedores (ver p. 223) foram incluídos os locais onde é possível comprar chocolate para cobertura de qualidade e recomendo que você pesquise e experimente diversos tipos até encontrar a versão que mais lhe agrada.

O **chocolate meio-amargo** enriquece e dá intensidade ao sabor de qualquer receita. É a versão mais utilizada em nossos produtos, pois os sabores naturais são muito mais evidentes. Recomendamos o tipo que contenha pelo menos 60% de sólidos de cacau. O chocolate meio-amargo norte-americano é conhecido como *bittersweet*.

O **chocolate ao leite** recebe a adição de leite em pó. Prefira as versões com pelo menos 30% de sólidos de cacau. Eu prefiro aqueles que possuem notas de caramelo ou malte.

Chocolate branco Essa variedade não é utilizada no preparo de nossos chocolates e trufas. Eu o considero muito doce. Se for produzido apenas com manteiga de cacau e nenhuma gordura adicional, como a vegetal, eu o considero um tipo de chocolate; você irá notar que ele é usado nos capítulos *Pâtisserie*, Sorvetes, caldas e bebidas, e Barras e confeitos.

O **cacau em pó** é resultado da prensagem e extração da manteiga da massa de cacau não adoçada. O pó natural tem coloração avermelhada e pode ser bastante ácido. A versão holandesa é alcalinizada, possui sabor mais suave e coloração avermelhada mais escura. Em geral, eu recomendo esta variedade, mas prefira sempre o cacau em pó não adoçado, sem adição de ingredientes artificiais.

Os ***nibs* de cacau** são produzidos depois que os grãos foram torrados e as cascas quebradas, e adicionam um sabor profundo e uma textura crocante.

Compra do chocolate

Neste livro, sugerimos o uso de chocolate com um determinado percentual de sólidos de cacau. É apenas uma maneira de guiá-lo e lhe mostrar como preparamos as receitas de nossas lojas. Se não for possível encontrar o chocolate com a quantidade de sólidos de cacau que a receita sugere, ou se preferir sabores mais fortes ou suaves, não tenha receio de fazer experiências – entretanto, saiba que o resultado será um pouco diferente. O chocolate é temperamental por natureza, e qualquer modificação em seu equilíbrio, por menor que seja, trará um resultado variado, seja para melhor ou pior. Sempre recomendamos o uso do chocolate para cobertura de qualidade quando estiver preparando receitas deste nível.

Quando estiver comprando o chocolate, siga as dicas abaixo ao procurar os ingredientes de sua lista:
• Não se deixe influenciar pelo percentual de sólidos de cacau no chocolate – este não é um indicador de qualidade, mas simplesmente a combinação do conteúdo de massa e manteiga de cacau.
• Prefira os grãos Trinitário ou Criollo, listados nos ingredientes.
• Sempre evite chocolates com muitos ingredientes adicionados. Quanto mais puro, melhor.

Outros ingredientes importantes

Creme de leite, manteiga e açúcar também são ingredientes fundamentais no preparo de chocolate. Em quase todas as nossas receitas, sugerimos o uso do creme de leite para chantilly, mas se não for possível encontrá-lo, substitua por creme de leite fresco (o resultado ficará ligeiramente mais pesado). Em diversas receitas usamos açúcar invertido (ver p. 23) para estabilizar o chocolate – caso não seja possível encontrá-lo, ele pode ser substituído por açúcar mascavo suave.

Provando o chocolate

Aconselho que você dedique tempo experimentando o chocolate que será usado no preparo de suas receitas. Compre pequenas quantidades de diferentes tipos para provar. Muitas vezes, sabores importantes podem ser bastante sutis. Entretanto, com o tempo você será capaz de saborear ainda mais o chocolate, conforme aprender a identificar as nuances de diferentes regiões e *blends*, e conforme descobrir os aromas e as características que mais aprecia.

Diz-se que pode haver até 400 aromas em um pedaço de chocolate, resultado de pelo menos 300 componentes químicos. Esses aromas podem ser muitos e variados, desde tabaco e malte até ervas e frutas. Aromas fáceis de perceber são os de frutas vermelhas, mel, caramelo, especiarias, frutas cítricas, baunilha, vinho e menta.

Fabricantes que se orgulham de seus *blends* geralmente incluem nas embalagens notas explicativas sobre os sabores, de modo a oferecer uma referência para o consumidor, mas aqui apresentamos um guia que irá ajudá-lo a usar seus sentidos ao máximo em suas aventuras de degustação:

Visão O chocolate deve ter uma coloração marrom-mogno intensa. Se ele estiver quase preto, é um sinal de que foi torrado em excesso. Não deve haver nenhuma mancha no chocolate — isso pode acontecer quando a gordura ou o açúcar cristalizam, processos conhecidos como *fat bloom* e *sugar bloom*, respectivamente, e que são causados por mudanças rápidas de temperatura ou armazenamento inadequado.

Audição Um sinal claro de um chocolate de alta qualidade é o som "seco" que se ouve quando ele é quebrado — e não deve, jamais, esfarelar.

Olfato Um bom chocolate deve ter uma fragrância elaborada, mas nunca forte demais. Pode ter um aroma adocicado, frutado ou amendoado, e não queimado ou de produtos químicos. Nunca deve estar completamente sem cheiro.

Paladar Ao experimentar um chocolate pela primeira vez, coloque um pedaço na língua e deixe derreter lentamente, permitindo que os aromas se espalhem por sua boca. Será possível perceber os elementos naturais e outros que resultam da torrefação e combinação dos grãos. É igualmente importante reconhecer o sabor residual como um sinal de qualidade do chocolate — ele deve ser encorpado, apurado e permanecer na boca.

Tato A textura do chocolate na boca deve ser lisa. A sensação granulosa é um indicativo de que o processo de conchagem foi muito curto ou a temperagem, ruim; caso esteja pegajoso, provavelmente recebeu a adição de gorduras em vez de manteiga de cacau.

Armazenamento e conservação

Todo chocolate deve ser armazenado em local fresco, seco, protegido de luz e afastado de odores fortes. Temperaturas altas e umidade afetam sua qualidade e podem prejudicar o prazer em saboreá-lo. Nunca leve o chocolate à geladeira, pois, quando for retirado, a condensação irá fazer com que fique úmido e causar o *sugar bloom*.

Sugerimos que os chocolates sejam consumidos no período de alguns dias depois de preparados — quanto mais fresco, melhor.

Cozinha comercial *versus* cozinha caseira

Além de ser um livro de receitas, esta obra foi concebida para servir como inspiração. Levei mais de vinte anos para adquirir as habilidades e o conhecimento que apresento aqui. Ela oferece uma grande variedade de receitas e pratos cujo preparo pode ser experimentado em casa e, depois de desenvolver suas técnicas, sua autoconfiança aumentará naturalmente.

Nosso livro contém receitas que usamos em nossas cozinhas e que foram adaptadas, da melhor maneira, para se tornarem acessíveis e fáceis de reproduzir em casa. Embora tenhamos feito o máximo para que essas receitas sejam adequadas para uma cozinha caseira, é preciso lembrar que existem algumas diferenças fundamentais entre como o produto é preparado em casa e como é feito aqui, em nossa cozinha.

Um bom exemplo são as ganaches. Sempre preparamos a mistura, enrolamos ou colocamos em uma fôrma, e deixamos firmar por 24 horas em um armário desumidificador antes de cobrir. Depois de cobertas, elas retornam ao armário por mais 24 horas até endurecerem. Isso significa que o resultado será estável o bastante para ser vendido em nossas lojas. Entretanto, ao preparar a receita em casa, fica a seu critério decidir por quanto tempo deixará a ganache estabilizar — se for consumida no mesmo dia, talvez não precise de um período tão longo de estabilização.

Para a *pâtisserie*, geralmente preparamos todos os itens, como o pão de ló, as geleias de brilho e as caldas, com antecedência e em grandes quantidades, repondo o estoque quando necessário. Então, quando precisamos preparar um produto, basta juntar todos os ingredientes. É claro que você pode pegar apenas um ou dois dos componentes e criar um prato mais simples, que ainda assim ficará delicioso e bonito.

Nas fotografias deste livro é possível perceber que frequentemente usamos utensílios que você pode não ter em sua cozinha. Fique à vontade para usar equipamentos alternativos (como assadeiras rasas em vez de chapas de acrílico), mas tenha em mente que os resultados podem ficar ligeiramente diferentes em decorrência das modificações.

TEMPERAGEM CLÁSSICA

A manteiga de cacau no chocolate é formada por gorduras variadas que endurecem em temperaturas diferentes, o que torna o chocolate instável. A temperagem faz com que algumas gorduras formem cristais estáveis que proporcionam alto brilho – desse modo, o chocolate atingirá um estado cristalino homogêneo. Uma temperagem incorreta fará com que o chocolate não endureça corretamente (ou fique com uma estrutura instável), o que provoca o *fat bloom* ou cristalização da gordura (que aparece como estrias na superfície e deixa a textura esfarelada) quando ele firma.

Quando o processo é realizado corretamente, o chocolate obtém uma superfície dura, brilho e textura crocante.

É essencial que o chocolate passe pela temperagem antes de ser usado para cobertura ou em moldes e decoração. Se ele ficar manchado ou opaco, será necessário refazer o processo. É possível que a temperatura ideal não tenha sido atingida durante o processo.

500 g de chocolate meio-amargo (com 65% de sólidos de cacau) bem picado (ou use gotas de chocolate)

1 Coloque o chocolate picado em uma panela para banho-maria ou em uma tigela sobre água em ponto de fervura. Não deixe que a água ferva, pois ela pode escaldar o chocolate. Mexa regularmente até derreter. Continue a misturar até que o chocolate atinja a temperatura de 45–50°C, assegurando-se de que a gordura e os açúcares derreteram uniformemente.

2 Despeje cerca de dois terços sobre uma superfície de mármore ou granito e deixe o restante do chocolate no recipiente em banho-maria, para manter a temperatura. O mármore ajudará a esfriar o chocolate rapidamente.

3 Espalhe o chocolate derretido para frente e para trás usando uma espátula e um raspador de metal. Faça movimentos firmes e trabalhe com delicadeza para que não entre ar. Continue esse processo até que o chocolate engrosse e esfrie até atingir cerca de 28–29°C. Você pode verificar a temperatura usando um termômetro, mas seja rápido, pois o chocolate irá endurecer depressa.

Nota: Evite o superaquecimento, pois você pode escaldar o chocolate, deixando-o granuloso e instável.

Temperaturas de temperagem para o chocolate para cobertura Amedei

Chocolate	Temperatura de derretimento	Temperatura de resfriamento	Temperatura de temperagem
Meio-amargo	45–50°C	28–29°C	31–32°C
Ao leite	45–50°C	26–27°C	29–30°C
Branco	45°C	26–27°C	29–30°C

Optamos pelo Amedei (ver p. 16) como chocolate para cobertura de nossas receitas. As temperaturas especificadas nas receitas deste livro se adequam ao uso desta marca. É importante lembrar que o chocolate de outros produtores pode precisar de temperaturas ligeiramente diferentes, por isso é sempre bom experimentar antes de usar marcas novas.

Temperagem sobre uma superfície de mármore

A temperagem sobre mármore (ou granito) é bastante popular em cozinhas profissionais, pois o mármore possui um excelente poder de resfriamento, mesmo nas cozinhas mais quentes. Se não houver uma superfície de mármore em sua casa, é melhor seguir o método de temperagem por difusão das páginas 20–21.

4 Raspe o chocolate e coloque-o de volta na panela de banho-maria ou tigela sobre água quente e junte o terço restante do chocolate derretido, mexendo a mistura até obter um resultado homogêneo.

5 A temperatura deve subir para 31–32°C. Se o chocolate não atingir a temperatura certa, aqueça ligeiramente a água, e mexa sem parar.

Nota: Se o chocolate começar a esfriar e a engrossar quando estiver sendo usado, basta aquecê-lo em banho-maria, mexendo sempre. Entretanto, se for aquecido em excesso, ele irá perder o ponto.

Temperagem de pequenas quantidades

Como uma indicação aproximada, 500 g de chocolate temperado serão suficientes para cobrir cerca de 80 chocolates. Esta é a quantidade mínima que se pode temperar. Por isso, todas as nossas receitas especificarão esse número (exceto em casos em que são necessárias quantidades maiores), mas você deve estar ciente de que pode haver sobras na tigela. Nesse caso, essas sobras devem ser despejadas em um recipiente hermético, colocadas para esfriar, e depois tampadas e guardadas em local fresco e seco até sua próxima sessão de temperagem.

OS FUNDAMENTOS DO CHOCOLATE 21

TEMPERAGEM POR DIFUSÃO

Este é um ótimo método, pois não requer o uso do mármore e é bem higiênico. Tudo o que você vai precisar é de sua panela de banho-maria ou tigela sobre água quente e um termômetro. Este também é o método que sugiro para temperagem de pequenas porções. No mínimo, você vai precisar da seguinte quantidade para mergulhar e moldar:

500 g de chocolate meio-amargo (com 65% de sólidos de cacau), bem picado (ou use gotas de chocolate)

1 Coloque dois terços do chocolate picado em uma panela de banho-maria ou em uma tigela sobre água em ponto de fervura. Não deixe que ferva, pois ela pode escaldar o chocolate. Mexa sempre até que o chocolate tenha derretido completamente e atinja a temperatura de 45–50°C, garantindo que a gordura e os açúcares tenham derretido de maneira uniforme.

2 Aos poucos, adicione o restante do chocolate – este é o processo de difusão. Mexa vigorosamente até que todo o chocolate derreta por completo, engrosse e resfrie 31–32°C – verifique-o constantemente com um termômetro. Se a temperatura cair mais que isso, basta aquecer em banho-maria novamente.

Dicas de temperagem

- Quando em 31–32°C, o chocolate atinge o ponto conhecido como temperatura de trabalho. Ele está temperado e pronto para ser usado. Para testá-lo manualmente, mergulhe a ponta de uma espátula no chocolate e deixe endurecer. Se o chocolate ficar liso e brilhante depois de firmar (ver, na foto ao lado, a espátula da direita), o chocolate foi temperado com sucesso.

- Tenha bastante cuidado ao usar o banho-maria para que nem a água nem o vapor escapem e se misturem ao chocolate. Este é composto de sólidos de cacau, manteiga de cacau, açúcar, baunilha e, possivelmente, leite em pó, de modo que uma pequena gota d'água umedece os ingredientes e faz com que os sólidos de cacau se agrupem e se separem da manteiga (como acontece com óleo e água, que não se misturam). Você nunca deve tampar o chocolate que está sendo derretido, pois o vapor condensado irá pingar na mistura.

- Mesmo depois de entrar em contato com água ou umidade, o chocolate ainda pode ser usado no preparo de sorvetes, bebidas ou bolos.

- O excesso de calor separa da manteiga de cacau os sólidos de cacau e outros ingredientes secos; além disso, irá começar a queimar a mistura e o resultado será uma pasta seca e sem cor. Não é possível recuperar o chocolate queimado, por isso seja cuidadoso ao fazer a temperagem.

A GANACHE BÁSICA

A ganache é uma emulsão de chocolate para cobertura e creme de leite; no entanto, outros ingredientes líquidos, como purês de frutas (ver purê de cassis na p. 124), podem ser adicionados para variar os sabores. Ela é a base para muitas de nossas receitas. A chave para uma boa ganache é a qualidade dos ingredientes – nós utilizamos o chocolate Amedei (ver p. 16), um pequeno produtor da Toscana que faz um chocolate excepcional. Também procuramos usar creme de leite e manteiga de alta qualidade e, igualmente importantes, ingredientes frescos e naturais, como alecrim e *yuzu* (uma fruta japonesa cítrica).

Segundo a lenda, a ganache surgiu no final do século XIX em uma cozinha francesa, onde um jovem *chef* aprendiz, tentando preparar um *crème anglaise*, acidentalmente despejou o creme de leite quente em uma tigela de chocolate picado em vez de colocá-lo na mistura de ovo e açúcar. O aprendiz foi chamado de *ganache*, que significa "idiota" em francês. Entretanto, o jovem aprendiz descobriu que, depois de misturar creme de leite e chocolate, a combinação se tornava homogênea e deliciosa. Ele não era tão idiota, afinal de contas...

Rende cerca de 80 trufas ou chocolates

435 mL (1¾ de xícara) de creme de leite fresco para chantilly
60 g de açúcar invertido (ver p. 23)
500 g de chocolate meio-amargo (com 66% de sólidos de cacau) bem picado
75 g (6 colheres de sopa) de manteiga sem sal, cortada em cubos e em temperatura ambiente

Método comprovado
Tenho usado este método por muitos anos e o considero o mais estável para meus chocolates.

1 Coloque o creme de leite (ou purê de frutas – ver trufa de framboesa na p. 38) e o açúcar invertido em uma panela e leve ao fogo até a fervura. Retire do fogo e deixe esfriar até 65–70°C.

2 Derreta o chocolate em uma tigela em banho-maria a cerca de 45°C e adicione gradualmente o creme de leite resfriado.

Método alternativo
usando os mesmos ingredientes

1 Coloque o creme de leite e o açúcar invertido em uma panela e leve ao fogo até a fervura.

2 Aos poucos, adicione o creme ao chocolate picado, mexendo sempre para formar uma emulsão.

Açúcar invertido

O açúcar invertido é um açúcar que passou por um processo que inverte suas moléculas. Isso pode ser feito aquecendo uma solução de açúcar e água; no entanto, é mais comum acrescentar um catalisador ao xarope para acelerar o processo. É bastante útil para a ganache, pois pode evitar sua cristalização e firmar, absorver e estabilizar a água e a umidade, dando-lhe um período de validade naturalmente maior.

Se não for possível adquirir açúcar invertido, o melhor substituto é o açúcar mascavo suave, que pode ser usado nas mesmas quantidades (ver p. 16). A única diferença é que o período de validade irá diminuir. O mel é outra opção, e a quantidade também deve ser a mesma – entretanto, ele dará sabor de mel ao chocolate. Outra opção é não utilizar o açúcar invertido, caso em que a validade do produto será bem menor.

  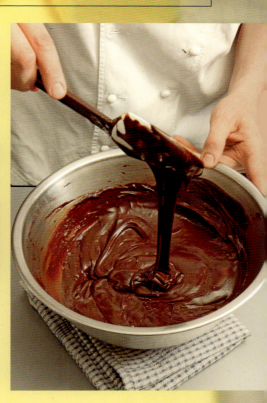

3 Mexa constantemente até formar uma emulsão.

4 Adicione a manteiga e continue a misturar até incorporar completamente. Se estiver adicionando qualquer líquido à ganache (ver p. 35), coloque agora e misture bem.

5 Deixe firmar por aproximadamente 1 hora e use conforme solicitado.

3 Adicione a manteiga e continue a misturar até incorporar completamente.

4 Deixe firmar por aproximadamente 1 hora e use conforme solicitado.

TRUFAS

O QUE SÃO TRUFAS

Essencialmente, as trufas são bolas de ganache (ver p. 22–23) – uma mistura de chocolate, creme de leite, açúcar e manteiga que também pode ser usada para rechear bombons e outros doces. A trufa de chocolate original era uma bola de ganache enrolada em chocolate e cacau em pó. Ela recebeu esse nome por ser parecida com a preciosa trufa negra. Com o tempo, elas começaram a ser aromatizadas com álcool, frutas e oleaginosas, mas ainda mantêm sua aparência rústica tradicional. Costumamos modelar nossas trufas em uma variedade de formas e passar em várias coberturas, mas sempre mantendo seu aspecto rústico. A única exceção é a Trufa de chocolate ao leite (ver p. 30), que cortamos em quadrados.

As trufas devem ser armazenadas em recipiente hermético, em local fresco e seco (e não na geladeira), e devem ser consumidas em poucos dias (quanto mais frescas, melhor). Se as quantidades nestas receitas forem muito grandes, reduza as medidas pela metade.

Modelando a ganache

Para a maior parte das nossas trufas, usamos o método de modelar com o saco de confeitar. É incrivelmente fácil de fazer e ajuda a obter sua aparência rústica.

3

4

5

1 Forre uma assadeira reta (rasa) com folha de silicone ou papel-manteiga e coloque um pouco da ganache em cada um dos cantos, sob a folha. Pressione-a sobre a ganache – isso vai evitar que ela levante no momento da modelagem.

2 Abra o saco de confeitar, use um bico liso de 12 mm para formar as gotas e um bico liso de 15 mm para as tiras, e corte a ponta do saco para permitir que o bico entre.

3 Encha até a metade com a ganache – se o saco estiver muito cheio, ficará mais difícil de manusear.

4 Modele gotas de 2 cm...

5 ... ou tiras cilíndricas com a ganache sobre a folha de silicone, deixando um pequeno espaço entre cada uma. Coloque a assadeira em um local fresco e seco, e deixe endurecer, sem cobrir, por 2–3 horas. Depois, corte as tiras em pedaços de 3,5 cm, usando uma faca morna e seca.

Enformando a ganache

Este método geralmente é usado para fazer quadrados de ganache para nossos chocolates *gourmet* (ver p. 42–83), mas também o utilizamos para criar a Trufa de chocolate ao leite (ver p. 30).

1 Coloque um tapete de silicone antiaderente em uma assadeira reta (rasa). Pincele com a Mistura de chocolate e manteiga de cacau (ver p. 29) e deixe firmar por 4–5 minutos.

2 Despeje no tapete preparado a ganache básica (ver p. 22–23) ou outra com a infusão desejada (ver p. 48–51).

3 Espalhe a ganache uniformemente sobre toda a superfície, reserve em um local fresco e seco e deixe firmar, sem cobrir, por toda a noite.

Cortando a ganache

1 Usando uma carretilha para cortar massas, uma faca ou palitos, marque quadrados de 2,5 cm na superfície da ganache. Aqueça a faca com um secador de cabelos (é melhor evitar água quente, pois a faca ficará muito molhada).

2 Corte a ganache ao longo das linhas marcadas, formando cubos.

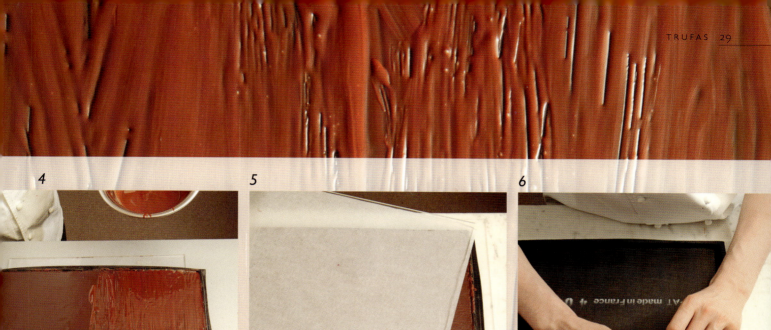

4 Pincele a superfície da ganache endurecida com mais mistura de chocolate e manteiga de cacau e deixe endurecer por 2–3 minutos.

5 Coloque uma folha de silicone ou papel-manteiga sobre a ganache. Ponha uma assadeira (rasa) sobre ela, segurando firme todo o conjunto. Com cuidado, vire até que a assadeira de baixo fique por cima.

6 Retire cuidadosamente o tapete de silicone antiaderente e corte como desejar (ver p. 28).

Mistura de chocolate e manteiga de cacau

Rende o suficiente para pincelar cerca de 3 assadeiras (rasas)

60 g de manteiga de cacau, bem picada
120 g de chocolate meio-amargo (com 70% de sólidos de cacau), bem picado

Coloque a manteiga de cacau e o chocolate em uma tigela e derreta cuidadosamente em banho-maria até atingir 45°C. Deixe esfriar ligeiramente antes de usar para pincelar sobre o tapete de silicone antiaderente como indicado. Sobras da mistura podem ser mantidas em um recipiente hermético por vários meses em local fresco e seco.

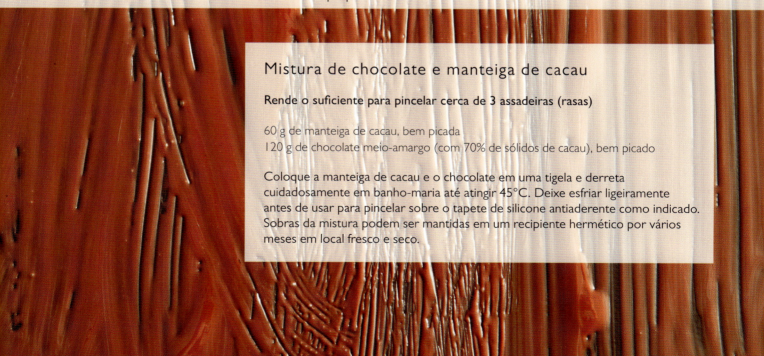

TRUFA DE CHOCOLATE MEIO-AMARGO

Escolhemos dois blends de chocolate, pois combinam perfeitamente para o preparo destas trufas.

Rende cerca de 80 trufas

1 porção de **ganache básica** (ver p. 22–23), preparada com chocolate meio-amargo fino, metade com 70% de sólidos de cacau e metade com 65% de sólidos de cacau

500 g de chocolate meio-amargo fino temperado (ver p. 18–19) e cacau em pó, para cobrir

1 Forre uma assadeira (rasa) com uma folha de silicone ou papel-manteiga. Coloque a ganache em um saco para confeitar adaptado com um bico liso de 15 mm e faça tiras cilíndricas na assadeira preparada. Deixe firmar em local fresco e seco, sem cobrir, por toda a noite.

2 Use uma faca morna e seca para cortar as tiras de ganache em retângulos com 3,5 cm de largura.

3 Usando um garfo para banhar, mergulhe cada retângulo de ganache no chocolate temperado, assegurando-se de que esteja uniformemente coberto antes de retirar. Cuidadosamente, solte cada trufa do garfo com a ajuda de uma espátula e coloque sobre um tapete de silicone antiaderente limpo.

4 Coloque o cacau em pó em uma tigela ou assadeira rasa e role cada trufa até cobrir completamente. Retire do cacau e agite para eliminar qualquer excesso. Deixe firmar em local fresco e seco, sem cobrir, por 2–3 horas.

TRUFA DE CHOCOLATE AO LEITE

Trufas de sabor intenso e puro, incrivelmente deliciosas, que são cortadas em vez de modeladas para ficarem com um visual diferente.

Rende cerca de 80 trufas

1 porção de **Mistura de chocolate e manteiga de cacau** (ver p. 29)

300 mL (1¼ de xícara) de creme de leite fresco para chantilly

45 g de açúcar invertido (ver p. 23)

550 g de chocolate ao leite fino (com 32% de sólidos de cacau)

85 g (7 colheres de sopa) de manteiga sem sal, cortada em cubos e em temperatura ambiente

500 g de chocolate meio-amargo fino temperado (ver p. 18–19) e cacau em pó, para cobrir

1 Coloque um tapete de silicone antiaderente em uma assadeira (rasa) e pincele com a mistura de chocolate e manteiga de cacau.

2 Coloque o creme de leite e o açúcar invertido em uma panela e leve ao fogo até levantar fervura. Retire do fogo e deixe esfriar até atingir 65–70°C.

3 Derreta o chocolate picado em uma tigela em banho-maria até atingir cerca de 45°C.

4 Aos poucos, adicione o creme de leite resfriado ao chocolate, mexendo sempre até formar uma emulsão. Acrescente a manteiga e continue a misturar até incorporar completamente. Bata com um *mixer*, se necessário.

5 Despeje a ganache na assadeira preparada e deixe firmar em um local fresco e seco, sem cobrir, por toda a noite.

6 Pincele a superfície com um pouco mais de mistura de chocolate e manteiga de cacau, deixe firmar por 2–3 minutos e depois corte em quadrados de 2 cm usando uma faca morna e seca.

7 Usando um garfo para banhar, mergulhe cada quadrado de ganache no chocolate temperado, assegurando-se de que esteja uniformemente coberto antes de retirar. Cuidadosamente, solte cada trufa do garfo com a ajuda de uma espátula e coloque sobre uma folha de silicone ou papel-manteiga.

8 Coloque o cacau em pó em uma tigela ou assadeira rasa e role cada trufa até cobrir completamente. Retire do cacau e agite para eliminar qualquer excesso. Deixe firmar em local fresco e seco, sem cobrir, por 2–3 horas.

Na página ao lado, uma seleção de trufas (da esquerda para a direita): Chocolate meio-amargo; *Whisky* de malte único Yamazaki e *dacquoise* (ver p. 35); Framboesa (ver p. 38); e Chocolate ao leite.

TRUFA DE CHÁ VERDE E PISTACHE

Estas trufas têm um visual fabuloso e se destacam em nossas vitrines. Sou um grande apreciador de *matcha* (chá verde em pó) – ele proporciona um sabor único. De preferência, utilize pistache siciliano, por possuir um sabor mais acentuado.

Cobrindo trufas

Tradicionalmente, as trufas são cobertas com cacau em pó; no entanto, gostamos de acrescentar um toque contemporâneo, conferindo uma maior variedade aos nossos produtos. A textura é um elemento importante em nossas trufas; por isso, usar coberturas como a *Dacquoise* de amêndoas e avelãs (ver p. 36–37) tostada, o *kinako* em pó com sementes de gergelim ou o hibisco desidratado em pó faz com que elas atinjam um outro nível.

Rende cerca de 80 trufas

390 mL (1½ xícara) de creme de leite fresco para chantilly
50 g de açúcar invertido (ver p. 23)
10 g de *matcha* (chá verde em pó)
290 g de chocolate ao leite fino (com 32% de sólidos de cacau), bem picado
190 g de chocolate meio-amargo fino (com 63% de sólidos de cacau), bem picado
75 g de **pasta de pistache** (ver p. 52)
60 g (5 colheres de sopa) de manteiga sem sal, cortada em cubos e em temperatura ambiente
500 g de chocolate meio-amargo fino temperado (ver p. 18–19), para cobrir

Para a cobertura de *matcha* e pistache

8 g (1¼ de colher de chá) de *matcha* (chá verde em pó)
250 g (1⅔ de xícara) de pistache (desidratado no forno quente por 3–4 minutos), bem picado

1 Forre uma assadeira (rasa) com uma folha de silicone ou papel-manteiga.

2 Coloque o creme de leite e o açúcar invertido em uma panela e leve ao fogo até levantar fervura. Retire do fogo e deixe esfriar até atingir 65–70°C. Misture um pouco de creme de leite ao *matcha* para formar uma pasta homogênea.

3 Derreta o chocolate picado em uma tigela em banho-maria até atingir cerca de 45°C e, aos poucos, acrescente o creme frio. Continue a mexer até obter uma emulsão. Misture a pasta de pistache e a de *matcha*. Acrescente a manteiga e continue a misturar até incorporar completamente. Bata com um *mixer*, se necessário.

4 Deixe a ganache firmar por aproximadamente 1 hora.

5 Coloque a ganache em um saco para confeitar adaptado com um bico liso de 12 mm e modele gotas de 2 cm na assadeira preparada. Deixe firmar em local fresco e seco, sem cobrir, por 2–3 horas.

6 Para fazer a cobertura, misture o *matcha* em pó e o pistache bem picado em uma tigela e depois transfira para uma tigela rasa ou bandeja.

7 Usando um garfo para banhar, mergulhe cada bola de ganache no chocolate temperado, assegurando-se de que esteja uniformemente coberta antes de retirar. Solte cada trufa do garfo com uma espátula, coloque na cobertura de *matcha* e pistache, e role até cobrir bem. Retire, agite para remover excessos e coloque sobre um tapete de silicone antiaderente limpo. Deixe firmar em local fresco e seco, sem cobrir, por 2–3 horas.

TRUFA DE WHISKY DE MALTE ÚNICO YAMAZAKI E DACQUOISE

Esta é uma grande combinação, que une a Escócia e o Japão. O Yamazaki, com sua delicada composição de baunilha e frutas maduras, se ajusta perfeitamente ao chocolate meio-amargo, e a cobertura completa o sabor com notas amendoadas crocantes.

Rende cerca de 80 trufas

1 porção de **ganache básica** (ver p. 22–23), preparada com 100 mL (⅓ de xícara generoso) de *whisky* de malte único Yamazaki

½ porção de *Dacquoise* de amêndoas e avelãs (ver p. 36–37) e 500 g de chocolate meio-amargo fino temperado, para cobrir

1 Prepare a ganache básica seguindo as instruções das páginas 22–23, e adicione o *whisky* no passo número 4. Forre uma assadeira (rasa) com uma folha de silicone ou papel-manteiga.

2 Coloque a ganache de *whisky* em um saco para confeitar adaptado com um bico liso de 12 mm e modele gotas de 2 cm na assadeira preparada. Deixe firmar em local fresco e seco, sem cobrir, por 2–3 horas.

3 Preaqueça o forno a 180°C. Quebre em pedaços a *dacquoise* de amêndoas e avelãs e coloque em uma assadeira rasa antiaderente. Asse no forno preaquecido por 6–8 minutos e depois deixe esfriar. Transfira para um processador de alimentos e bata até ficar com a textura de uma farinha. Coloque em um prato raso ou bandeja.

4 Usando um garfo para banhar, mergulhe cada bola de ganache no chocolate temperado, assegurando-se de que esteja uniformemente coberto antes de retirar. Solte cada trufa do garfo com uma espátula, coloque na *dacquoise*, e role até cobrir completamente. Retire, agite para remover excessos e coloque sobre um tapete de silicone antiaderente limpo. Deixe firmar em local fresco e seco, sem cobrir, por 2–3 horas.

DACQUOISE DE AMÊNDOAS E AVELÃS

Este é um merengue francês clássico, enriquecido com oleaginosas e usado como base em *entremets* (ver p. 180) para proporcionar textura. Também o usamos em nossa Trufa de *whisky* de malte único Yamazaki e *dacquoise* (ver página anterior), para obter uma cobertura amendoada crocante.

Rende o suficiente para cobrir cerca de 80 trufas

65 g (⅔ de xícara) de amêndoas picadas
65 g (⅔ de xícara) de avelãs picadas
65 g (¾ de xícara) de amêndoas moídas
65 g (¾ de xícara) de avelãs moídas
125 g (¾ de xícara) de açúcar de confeiteiro (em pó/puro), peneirado
20 g de amido de milho
140 g de claras (cerca de 4½ ovos)
40 g de açúcar refinado extrafino

1 Preaqueça o forno a 200°C. Espalhe as amêndoas e avelãs picadas sobre uma assadeira rasa antiaderente. Em outra assadeira, espalhe as amêndoas e avelãs moídas. Leve ambas ao forno preaquecido por 5–6 minutos para torrar e depois deixe esfriar. Baixe a temperatura do forno para 180°C e forre uma assadeira (rasa) com um tapete de silicone antiaderente.

2 Coloque o açúcar de confeiteiro (em pó ou puro) em uma tigela e acrescente as oleaginosas moídas torradas e o amido. Misture.

3 Em outra tigela, bata lentamente as claras e, aos poucos, aumente a velocidade e adicione o açúcar refinado. Continue a bater até obter um merengue firme. Como opção, pode-se bater as claras usando uma batedeira elétrica para ingredientes leves.

4 Coloque o merengue em uma tigela grande e incorpore o açúcar de confeiteiro e a mistura de oleaginosas moídas e amido.

5 Junte metade das oleaginosas torradas picadas na mistura.

TRUFAS 37

> **Dica para armazenamento**
> Depois que a *dacquoise* estiver assada e fria, será preciso virá-la (passo 8, abaixo), embrulhar com filme plástico e conservar no congelador até usar. Se preferir não congelar, o ideal é usar imediatamente; no entanto, ela pode ser mantida uns dois dias em um recipiente hermético, se necessário.

6

7

8

6 Polvilhe o restante das oleaginosas sobre a assadeira preparada e despeje o merengue sobre elas.

7 Use uma espátula para nivelar a superfície e asse no forno preaquecido por 18–20 minutos (se for usar para cobrir trufas, asse por mais 5 minutos).

8 Quando esfriar, coloque uma folha de silicone ou papel-manteiga sobre a *dacquoise*. Ponha uma assadeira (rasa) sobre ela e, segurando firme todo o conjunto, vire tudo até que a assadeira de baixo fique por cima. Retire a assadeira da parte superior e remova delicadamente o tapete de silicone antiaderente.

9 Para trufas, quebre a *dacquoise* em pedaços, depois bata em um processador de alimentos e armazene em um recipiente hermético até usar.

FRAMBOESA

Rende cerca de 80 trufas

400 g de purê de framboesa pronto (ou seguir a receita de **purê de cassis** na p. 124, substituindo por framboesa)
60 g de **açúcar invertido** (ver p. 23)
250 g de chocolate meio-amargo fino (com 63% de sólidos de cacau), bem picado
250 g de chocolate meio-amargo fino (com 66% de sólidos de cacau), bem picado
85 g (7 colheres de sopa) de manteiga sem sal, cortada em cubos e em temperatura ambiente
500 g de chocolate meio-amargo fino temperado (ver p. 18–19) e cacau em pó, para cobrir

1. Forre uma assadeira (rasa) com uma folha de silicone ou papel-manteiga. Coloque o purê de framboesa e o açúcar invertido em uma panela e leve ao fogo até ferver. Retire do fogo e deixe esfriar até atingir 65–70°C.

2. Derreta o chocolate em banho-maria até atingir cerca de 45°C e, aos poucos, acrescente a mistura de framboesa. Continue a mexer até obter uma emulsão. Acrescente a manteiga e continue a misturar até incorporar completamente. Bata com um *mixer*, se necessário. Reserve por cerca de 1 hora até firmar.

3. Coloque a ganache em um saco para confeitar adaptado com um bico liso de 12 mm e modele gotas de 2 cm na assadeira preparada. Deixe em local fresco e seco por 2–3 horas.

4. Usando um garfo para banhar, mergulhe cada gota no chocolate temperado, assegurando-se de que esteja uniformemente coberto. Coloque o cacau em pó em uma tigela ou assadeira rasa e role cada trufa até cobrir completamente. Retire do cacau e agite para eliminar excessos. Deixe firmar em local fresco e seco, sem cobrir, por 2–3 horas.

SAQUÊ JAPONÊS E KINAKO

Estas trufas levam um dos meus blends favoritos de saquê, seco e frutado.

Rende cerca de 80 trufas

1 porção de **ganache básica** (ver p. 22–23), preparada com 100 mL (⅓ de xícara generoso) de Kubota Senju (saquê japonês)
250 g (1⅔ de xícara) de *kinako* em pó (grãos de soja torrados e moídos)
50 g de sementes de gergelim negro
500 g de chocolate meio-amargo fino temperado (ver p. 18–19), para cobrir

1. Prepare a ganache básica seguindo as instruções das páginas 22–23, e adicione o saquê no passo número 4. Forre uma assadeira (rasa) com uma folha de silicone ou papel-manteiga.

2. Coloque a ganache aromatizada com saquê em um saco para confeitar adaptado com um bico liso de 12 mm e, com o saco de confeitar, modele gotas de 2 cm na assadeira preparada. Deixe firmar por 2–3 horas em local seco e fresco.

3. Misture o *kinako* e as sementes de gergelim em uma tigela rasa ou bandeja. Usando um garfo para banhar, mergulhe cada gota no chocolate temperado, assegurando-se de que esteja uniformemente coberto. Solte cada trufa do garfo com uma espátula, coloque na cobertura, e role até cobrir completamente. Retire as trufas e agite para eliminar excessos. Deixe firmar, sem cobrir, por 2–3 horas em local fresco e seco.

Variação: Champanhe

Siga a receita de Saquê japonês e *kinako* acima, mas substitua o saquê por 175 mL (⅔ de xícara generosos) de champanhe e cubra com Neige Décor (ver p. 218).

CASSIS E HIBISCO

Esta trufa tem sido a preferida na loja, desde que foi criada por Suzue.

Rende cerca de 80 trufas

360 g de **purê de cassis** (ver p. 124)
70 g de **açúcar invertido** (ver p. 23)
300 g de chocolate meio-amargo fino (com 70% de sólidos de cacau), picado
300 g de chocolate ao leite fino (com 35% de sólidos de cacau), bem picado
100 g (1 tablete) de manteiga sem sal, cortada em cubos e em temperatura ambiente
250 g de *Neige Décor* (ver p. 218)
125 g de hibisco em pó
500 g de chocolate meio-amargo fino temperado (ver p. 18–19)

1. Forre uma assadeira (rasa) com uma folha de silicone ou papel-manteiga. Coloque o purê de cassis e o açúcar invertido em uma panela, leve ao fogo até ferver, e deixe esfriar até atingir 65–70°C.

2. Derreta o chocolate em banho-maria até atingir cerca de 45°C. Aos poucos, acrescente a mistura de fruta ao chocolate, mexendo sempre até obter uma emulsão. Adicione a manteiga e misture até incorporar completamente. Bata com um *mixer*, se necessário. Reserve por cerca de 1 hora até firmar. Coloque a ganache em um saco para confeitar adaptado com um bico liso de 15 mm e faça tiras cilíndricas na assadeira preparada. Deixe firmar por 2–3 horas. Use uma faca morna e seca para cortar as tiras de ganache em retângulos de 3,5 cm de largura.

3. Misture o *Neige Décor* e o hibisco em pó em uma tigela rasa ou bandeja. Usando um garfo para banhar, mergulhe cada ganache no chocolate temperado, assegurando-se de que esteja uniformemente coberto. Solte cada trufa do garfo, coloque na cobertura, e role até cobrir completamente. Deixe firmar por 2–3 horas.

CASTANHA E PRALINA

Poucas de nossas trufas são mergulhadas como esta, mas se quiser adicionar uma textura diferente para suas trufas ou chocolates, esta receita é um bom começo.

Purê de castanhas

250 g de castanhas cozidas, empacotadas a vácuo
250 mL (1 xícara) de leite
½ fava de baunilha, cortada ao meio no sentido do comprimento

Coloque as castanhas e o leite em uma panela. Raspe as sementes de baunilha e coloque, junto com a fava, no leite. Leve ao fogo até ferver e cozinhe em fogo baixo por 4–5 minutos. Remova a fava e deixe esfriar. Transfira a mistura para uma tigela e bata com um *mixer* até obter um resultado homogêneo. Armazene em um recipiente hermético, na geladeira.

Rende cerca de 80 trufas

330 mL (1⅓ de xícara) de creme de leite fresco para chantilly
30 g de açúcar invertido (ver p. 23)
125 g de purê de castanhas (ver quadro ao lado)
380 g de chocolate meio-amargo fino (com 65% de sólidos de cacau), bem picado
125 g de chocolate ao leite fino (com 32% de sólidos de cacau), bem picado
225 g de **Pasta pralina** (ver p. 158)
50 g (4 colheres de sopa) de manteiga sem sal, cortada em cubos e em temperatura ambiente
100 g de amêndoas torradas picadas (ou torradas e em tirinhas) e 500 g de chocolate meio-amargo fino temperado (ver p. 18–19), para cobrir

1 Forre uma assadeira (rasa) com uma folha de silicone ou papel-manteiga.

2 Coloque o creme de leite e o açúcar invertido em uma panela e leve ao fogo até levantar fervura. Retire do fogo, misture o purê de castanhas e deixe esfriar até atingir 65–70°C.

3 Derreta o chocolate em uma tigela em banho-maria até atingir cerca de 45°C e, gradualmente, adicione o creme de castanha resfriado. Continue a mexer até obter uma emulsão. Misture a pasta pralina, acrescente a manteiga e continue a mexer até incorporar completamente. Reserve por cerca de 1 hora até firmar.

4 Coloque em um saco para confeitar adaptado com um bico liso de 12 mm e, com o saco de confeitar, modele gotas de 2 cm na assadeira preparada. Deixe firmar por 2–3 horas em local seco e fresco.

5 Junte as amêndoas com o chocolate temperado. Usando um garfo para banhar, mergulhe cada bola de ganache na cobertura de chocolate, assegurando-se de que esteja uniformemente coberta antes de retirar. Solte cada trufa do garfo com uma espátula sobre uma folha de silicone ou papel-manteiga e deixe firmar completamente por cerca de 1 hora em local fresco e seco.

PREPARANDO O CHOCOLATE GOURMET

Para preparar uma ganache de chocolate com infusão ou aromatizada

Os chocolates especiais que produzimos representam nossa filosofia de trabalho. Eles são personalizados, frescos e naturais. Assim como todos os nossos produtos, eles não contêm conservantes artificiais, o que, embora possa significar um prazo de validade reduzido, os torna iguarias da mais alta qualidade.

O uso de infusões suaviza o sabor da ganache, que não precisará receber óleos ou essências para esse fim, e faz com que o chocolate possa atingir seu potencial máximo de sabor – tornando-se o mais saboroso possível sem que a adição de ingredientes extras seja necessária.

O termo "gourmet" evoca a ideia de produtos de alta qualidade, personalizados e luxuosos, características que acreditamos representar nossa marca. Nós nos esforçamos para proporcionar aos apreciadores de nossos chocolates uma experiência extraordinária e inspiradora.

Este capítulo foi estruturado para apresentar primeiramente as habilidades e técnicas necessárias para o preparo do chocolate e, em seguida, uma seleção de receitas.

No sentido horário, começando pela imagem superior à esquerda: **Avelãs do Piemonte; Pimenta Sichuan; Chocolate Chuao; Pistache e chocolate Toscano; Zimbro e cassis; Framboesa e chocolate Toscano;** *e* **Maracujá e manga.**

1 Pincele um tapete de silicone antiaderente com a Mistura de chocolate e manteiga de cacau (ver p. 29).

2 Faça a ganache com infusão ou aromatizada (ver p. 48–51) e despeje sobre o tapete preparado. Nivele a superfície e deixe firmar por uma noite, em local fresco e seco.

3 Pincele a ganache com mais mistura de manteiga de cacau e chocolate; reserve para endurecer por 2–3 minutos.

4 Coloque uma folha de silicone ou papel-manteiga sobre a ganache. Cubra com uma chapa de acrílico ou assadeira (rasa), firmando as três camadas. Com cuidado, vire todo o conjunto até que a assadeira fique embaixo.

5 Remova delicadamente o tapete de silicone.

6 Marque e corte a ganache de acordo com as instruções da página 28.

7 Pegue cada pedaço com um garfo para banhar e mergulhe no chocolate temperado. Bata para retirar o excesso e coloque sobre uma folha de silicone. Decore como preferir (ver p. 58–61).

1

5

2

6

3

7

4

Assadeiras (rasas)
Nossas receitas rendem aproximadamente 80 chocolates se as dimensões da assadeira utilizada forem 25,5 x 30 cm. Prefira as que tiverem tamanhos próximos a este, mas certifique-se de que a profundidade seja de pelo menos 1,5 cm.

Para preparar um chocolate em camadas

1. Pincele um tapete de silicone antiaderente com a Mistura de chocolate e manteiga de cacau (ver p. 29).

2. Prepare a camada escolhida (ver *feuillantine*, p. 54–55 ou marzipã com pistache, p. 52–53) e espalhe sobre o tapete preparado. Nivele a superfície e apare as beiradas, se necessário, para que a mistura se adapte perfeitamente ao tapete.

3. Prepare meia porção de Ganache básica (ver p. 22–23) e despeje sobre a camada. Nivele a superfície e deixe firmar por uma noite, em local fresco e seco.

4. Pincele a ganache com mais mistura de chocolate e manteiga de cacau; reserve para endurecer por 2–3 minutos.

5. Coloque uma folha de silicone (ou papel-manteiga) sobre a ganache. Cubra com uma chapa de acrílico ou assadeira rasa.

6. Segurando toda a montagem, vire cuidadosamente até que a chapa (ou assadeira) fique embaixo. Remova delicadamente o tapete de silicone.

7. Marque e corte a ganache de acordo com as instruções da página 28.

8. Pegue cada pedaço com um garfo para banhar e mergulhe no chocolate temperado. Bata para retirar o excesso e coloque sobre uma folha de silicone. Decore como preferir (ver p. 58–61).

CHOCOLATES GOURMET 47

Para preparar um chocolate com camadas de geleia

1. Prepare a camada de geleia escolhida (ver *Pâté de fruits*, p. 56–57 ou outra variação de sabor, p. 74) e espalhe sobre um tapete antiaderente. Nivele a superfície e deixe firmar por uma noite, em local fresco e seco.

2. Prepare meia porção de Ganache básica (ver p. 22–23) e despeje sobre a geleia. Nivele a superfície e deixe firmar por uma noite, em local fresco e seco.

3. Pincele a ganache com mistura de chocolate e manteiga de cacau; reserve para endurecer por 2-3 minutos.

4. Coloque uma folha de silicone ou papel-manteiga sobre a ganache. Cubra com uma chapa de acrílico ou assadeira (rasa), firmando a montagem. Vire-a com cuidado até que a assadeira fique embaixo.

5. Retire cuidadosamente o tapete de silicone antiaderente – a camada de geleia estará na parte de cima.

6. Pincele a superfície da geleia com mais mistura de manteiga de cacau e chocolate e deixe firmar por 2–3 minutos.

7. Marque e corte a ganache de acordo com as instruções da página 28.

8. Pegue cada pedaço com um garfo para banhar e mergulhe no chocolate temperado. Bata para retirar o excesso e coloque sobre uma folha de silicone. Decore como preferir (ver p. 58–61).

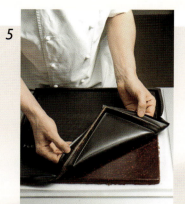

PREPARANDO A GANACHE COM INFUSÕES

Ganache de estragão e mostarda (ver também p. 70)

Esta é uma combinação ousada – o chocolate com notas de anis combina com os toques amadeirados de estragão e a mostarda aquece ligeiramente a receita.

Por que a infusão

Originalmente, os chocolates no Reino Unido possuem um período de validade longo, por causa de seus aditivos e aromatizantes, mas nós preferimos manter nossos chocolates puros. No caso do chocolate com menta, por exemplo, em vez de essência usamos menta fresca para a infusão, o que confere ao creme de leite seu extraordinário sabor.

Você pode adicionar diferentes sabores à ganache de chocolate. Ervas frescas, como alecrim, estragão, *shiso* e tomilho-limão, podem ser colocadas em infusão no creme de leite que será utilizado na ganache (ver instruções no passo a passo). Depois, elas são coadas e o resultado é um creme aromatizado. Chás e especiarias, como jasmim, pimenta Sichuan, capim-limão e gengibre também podem ser usados da mesma maneira, embora precisem ficar em infusão no creme por mais tempo. Para outros sabores, como gergelim torrado, vinagre preto japonês e mel, por exemplo, os ingredientes podem ser adicionados diretamente à ganache.

Rende o suficiente para cerca de 80 chocolates

400 mL (1⅔ de xícara) de creme de leite fresco para chantilly
20 g de estragão
60 g de açúcar invertido (ver p. 23)
4,5 g (¾ de colher de chá) de mostarda em pó
450 g de chocolate meio-amargo fino (com 66% de sólidos de cacau), bem picado
70 g (6 colheres de sopa) de manteiga sem sal, cortada em cubos e em temperatura ambiente

1 Coloque o creme de leite em uma panela e leve ao fogo até ferver. Adicione o estragão.

2 Desligue o fogo e cubra a panela com filme plástico. Deixe esfriar em infusão por 2 horas.

3 Passe o creme por uma peneira fina para separar o estragão.

4 Com cuidado, pressione o estragão contra a peneira usando uma concha para retirar o máximo possível do sabor da erva.

continua na página 50

Ganache de estragão e mostarda
continuação

> **Açúcar, sal e manteiga**
> Conheço bem a má reputação que o açúcar, o sal e a manteiga muitas vezes têm. Embora concorde que eles não sejam saudáveis quando consumidos em excesso, todos são ingredientes muito importantes na confeitaria. Não apenas incrementam o sabor, como também muitas vezes são essenciais para o sucesso de uma receita; e seria impossível criar *pâtisserie* e chocolates realmente saborosos sem eles.

5

6

7

5 Coloque o creme de leite de volta na panela. Adicione o açúcar invertido e leve ao fogo novamente até ferver. Retire do fogo. Despeje um pouco do creme em uma tigela, acrescente a mostarda em pó e bata até a mistura ficar homogênea.

6 Junte a pasta de mostarda ao creme na panela.

7 Deixe esfriar até atingir 65–70°C.

8 Derreta o chocolate em banho-maria a cerca de até 45°C e, aos poucos, acrescente o creme resfriado, mexendo sempre até obter uma emulsão. Coloque a manteiga e continue a misturar até ficar homogêneo. Deixe a ganache firmar por cerca de 1 hora na tigela ou despeje em uma fôrma para ser cortada posteriormente (ver p. 28).

8

CAMADA DE MARZIPÃ COM PISTACHE

Gosto de fazer grandes combinações – o marzipã e o chocolate desta receita combinam muito bem com o pistache siciliano, repleto de sabor. A textura do marzipã amendoado com a ganache de frutas (ver a receita completa na p. 74) faz uma união perfeita.

Marzipã com pistache

Rende o suficiente para cerca de 80 chocolates

1 porção de **Mistura de chocolate e manteiga de cacau** (ver p. 29)
425 g de marzipã
50 g (⅓ de xícara) de pistache, grosseiramente picado
½ porção de **ganache básica** (ver p. 22–23)

Açúcar de confeiteiro (em pó/puro), para polvilhar

Para a pasta de pistache
100 g (⅔ de xícara) de pistache
15 mL (3 colheres de chá) de óleo de pistache (ou outro óleo com sabor de oleaginosas)

1 Pincele um tapete de silicone antiaderente com uma camada fina da mistura de chocolate e manteiga de cacau. Para preparar a pasta de pistache, coloque o pistache e o óleo em um processador de alimentos ou liquidificador (recomendamos o Thermomix) e bata até obter uma mistura homogênea.

2 Faça um buraco no marzipã e recheie com a pasta de pistache. Sove até que a pasta esteja completamente incorporada e a mistura homogênea.

3 Acrescente o pistache picado.

4 Sove mais uma vez até que o pistache esteja completamente incorporado. Enrole até ficar com a forma de um cilindro. Em uma superfície ligeiramente polvilhada com açúcar de confeiteiro, abra o marzipã até ficar com 6 mm de espessura.

5 Use um rolo de massa para levantar o marzipã e colocar sobre o tapete de silicone preparado. Apare as beiradas para que a massa encaixe perfeitamente.

6 Despeje a ganache de chocolate por cima e deixe firmar. Siga os passos 4–8 da página 46 para preparar o chocolate em camadas.

BASE FEUILLANTINE

Esses biscoitos secos e moídos, misturadas com nossa pralina, avelãs do Piemonte e chocolate ao leite, proporcionam um sabor fabuloso aos nossos chocolates. Tenha cuidado para não trabalhar a mistura em excesso, caso contrário ela perderá um pouco de sua textura. Também pode ser preparada com amêndoas ou nozes.

Rende o suficiente para cerca de 80 chocolates

1 porção de **Mistura de chocolate e manteiga de cacau** (ver p. 29)
130 g de chocolate ao leite fino (com 35% de sólidos de cacau), bem picado
75 g de *gianduia* (ver p. 218), bem picado
140 g de **Pasta pralina** (ver p. 158–159)
25 g (2 colheres de sopa rasas) de manteiga com sal marinho, cortada em cubos e em temperatura ambiente
90 g (1 xícara rasa) de avelãs do Piemonte, picadas
115 g de biscoitos *feuillantine*

1 Pincele um tapete de silicone antiaderente com a mistura de chocolate e manteiga de cacau até cobrir bem.

2 Derreta o chocolate ao leite e o *gianduia* em uma tigela em banho-maria até atingir 45°C. Misture a pasta pralina.

3 Deixe esfriar até atingir 37–38°C. Acrescente a manteiga e continue a misturar até incorporar completamente. Bata com um *mixer*, se necessário.

4 Acrescente as avelãs do Piemonte ao chocolate e misture bem.

5 Adicione os biscoitos *feuillantine*.

6 Misture até incorporar e depois espalhe sobre o tapete de silicone preparado usando uma espátula.

7 Continue com os passos 3–8 da página 46 para preparar chocolate em camadas.

PÂTÉ DE FRUITS

A região da Auvérnia, no sudoeste da França, é famosa por seu *Pâté de fruits* que surgiu no século XVII. Embora a receita tenha mudado um pouco, ainda se trata de uma pasta de frutas, cortada em cubos e passada no açúcar. Nós a utilizamos para complementar nossa ganache em uma seleção de chocolates *gourmet* – o sabor nítido do *Pâté de fruits* combina perfeitamente com nossa ganache suave.

Esta é a receita para um *Paté de fruits* de framboesa, mas não hesite em experimentá-la com frutas diferentes para obter sabores variados (ver p. 74 para outras sugestões de sabores) – basta substituir o purê de framboesa e a fruta por outra fruta.

Rende o suficiente para cerca de 80 chocolates

280 g de purê de framboesa pronto (*ou* seguir a receita de **purê de cassis** na p. 124, substituindo por framboesa)
50 g de framboesas
225 g (1 xícara) de açúcar refinado extrafino
95 g de glucose líquida
10 g de pectina amarela
2,5 mL de suco de limão-siciliano

1 Coloque o purê de framboesa, as framboesas, 150 g (⅔ de xícara) de açúcar refinado extrafino e a glucose líquida em uma panela e leve ao fogo até ferver.

2 Junte a pectina e o restante do açúcar em uma tigela pequena e adicione à mistura de framboesa fervida.

3 Cozinhe em fogo baixo, misturando sempre até que um termômetro para açúcar marque 103°C, e depois acrescente o suco de limão.

4 Coloque a mistura de framboesa em um tapete de silicone antiaderente e deixe firmar por toda a noite, em local fresco e seco.

5 Continue com os passos 3–8 na página 47 para preparar chocolate com camadas de geleia.

Nota: Você também pode despejar em uma assadeira rasa, deixar firmar, cortar e passar no açúcar cristal (branco), e então saborear.

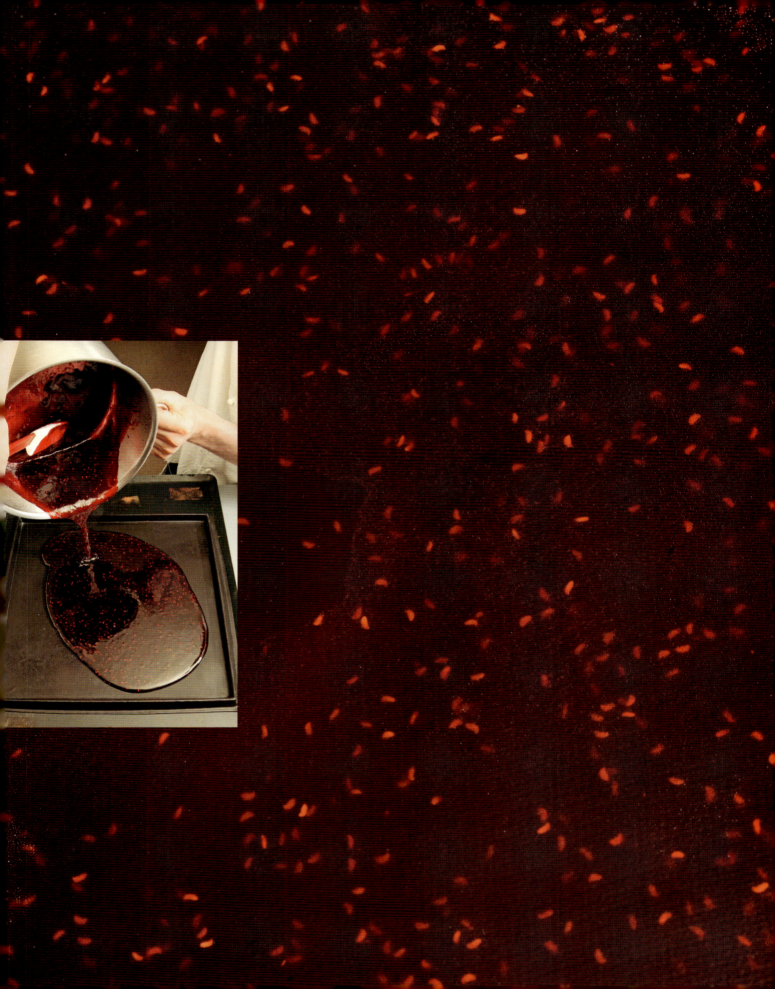

POLVILHANDO E DECORANDO

Gostamos de decorar discretamente nossos chocolates para que eles possam ser identificados, além de dar-lhes um toque pessoal. Preparamos cada chocolate um a um, decorando manualmente, e é por isso que acreditamos ser tão importante dedicarmos um tempo maior neste estágio do processo.

1. Usando um garfo para banhar, mergulhe cada cubo de ganache no chocolate temperado, e assegure-se de que ele seja uniformemente coberto.

2. Bata o garfo na lateral da tigela/recipiente, para retirar o excesso.

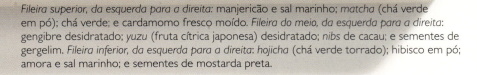

Fileira superior, da esquerda para a direita: manjericão e sal marinho; *matcha* (chá verde em pó); chá verde; e cardamomo fresco moído. *Fileira do meio, da esquerda para a direita:* gengibre desidratado; *yuzu* (fruta cítrica japonesa) desidratado; *nibs* de cacau; e sementes de gergelim. *Fileira inferior, da esquerda para a direita:* hojicha (chá verde torrado); hibisco em pó; amora e sal marinho; e sementes de mostarda preta.

CHOCOLATES GOURMET 59

3 Polvilhe sobre cada chocolate um pouco da decoração escolhida...

4 ... ou coloque-a sobre eles, se não for um item em pó ou moído.

5 Deixe firmar por cerca de 2 horas em local fresco e seco.

De cima para baixo: lavanda; alecrim e sal marinho; manjericão tailandês; pistache; e folha de ouro.

DECORANDO COM OBJETOS PERFURANTES

Uma forma simples e eficiente de criar textura no acabamento de nossos chocolates gourmet.

1. Usando um garfo para banhar, mergulhe cada cubo de ganache no chocolate temperado, e assegure-se de que ele seja uniformemente coberto.

2. Bata o garfo na lateral da tigela/recipiente para retirar o excesso. Deixe firmar.

3. Marque a superfície de cada chocolate com uma faca limpa e seca, ou outro utensílio de sua preferência, para criar um padrão ou desenho. Você pode usar uma faca ondulada ou um cortador para biscoitos, por exemplo.

4. Deixe firmar por cerca de 2 horas em local fresco e seco.

Cobrindo chocolates

Cobrir os chocolates protege seu interior que, do contrário, ressecaria rapidamente. Além disso, confere ao chocolate uma fina camada crocante, enriquecendo suas qualidades. Sugiro que você use um chocolate com sabores balanceados e evite os mais fortes, uma vez que não irão combinar com a parte central dos doces. Utilizamos os *blends* 63 ou 65 da Amedei – ambos são balanceados e possuem um sabor residual bem leve, sem notas amargas ou ácidas. Você pode experimentar vários tipos até encontrar o que se adapta melhor às suas preferências.

2

3

CHOCOLATES GOURMET 61

DECORANDO COM RELEVOS
Criar relevos com acetato confere ao acabamento do chocolate uma textura brilhante e única.

1 Usando um garfo para banhar, mergulhe cada cubo de ganache no chocolate temperado, e assegure-se de que ele seja uniformemente coberto.

2 Bata o garfo na lateral da tigela/recipiente para retirar o excesso.

3 Vire cada chocolate e coloque sobre uma folha de acetato com relevo, que vai criar um padrão na parte inferior do chocolate. Deixe firmar por cerca de 2 horas em local fresco e seco.

Nota: se não for possível encontrar a folha de acetato, você pode usar papel com relevo ou qualquer outro objeto que possa substituí-la, desde que passe por uma boa limpeza antes do uso.

3

Dicas para o chocolate
- Deixe que a ganache seque e firme por toda a noite. Isso faz com que a cobertura se fixe melhor.
- A temperatura ideal para a cozinha durante o preparo dos chocolates é de cerca de 24°C – se for menor que isso, o chocolate irá endurecer muito depressa, o que dificultará o processo de decoração.
- A temperatura perfeita para um local fresco e seco é de cerca de 12–15°C – é onde o chocolate deve ser deixado para firmar por toda a noite.

Os chocolates

CHOCOLATES GOURMET 63

De cima para baixo:
Chocolates *gourmet* com oleaginosas e sementes
Avelãs do Piemonte;
Chocolate Chuao;
Café e nozes;
Gergelim torrado;
e Pistache e chocolate Toscano.

CHOCOLATES GOURMET COM OLEAGINOSAS E SEMENTES

Avelãs do Piemonte

Este chocolate utiliza o crème de la crème das avelãs provenientes da região do Piemonte, no norte da Itália.

Rende cerca de 80 chocolates

- 1 porção de Base *feuillantine* (ver p. 54–55)
- 1 porção de Mistura de chocolate e manteiga de cacau (ver p. 29)
- 500 g de chocolate meio-amargo fino temperado (ver p. 18–19), para cobrir

Para a ganache de *gianduia*

- 160 mL (⅔ de xícara) de creme de leite fresco para chantilly
- ¼ de fava de baunilha, cortada ao meio no sentido do comprimento
- 20 g de açúcar invertido (ver p. 23)
- 115 g de *gianduia* (ver p. 218)
- 115 g de chocolate meio-amargo fino (com 65% de sólidos de cacau), picado
- 25 g (2 colheres de sopa rasas) de manteiga sem sal, cortada em cubos e em temperatura ambiente

1. Prepare a base *feuillantine* e use para forrar um tapete de silicone antiaderente, seguindo as instruções das páginas 54–55.

2. Para fazer a ganache, coloque o creme de leite em uma panela. Raspe as sementes de baunilha e coloque-as, junto com a fava, no creme de leite. Deixe levantar fervura. Retire do fogo, cubra com filme plástico e deixe em infusão por 1 hora. Passe o creme por uma peneira fina para separar a fava de baunilha. Coloque de volta na panela, acrescente o açúcar invertido e deixe levantar fervura novamente. Retire do fogo e deixe esfriar até atingir 65–70°C.

3. Derreta a *gianduia* e o chocolate em banho-maria até cerca de até 45°C e, aos poucos, adicione o creme resfriado. Continue a mexer até obter uma emulsão. Acrescente a manteiga e continue a misturar até incorporar completamente. Bata com um *mixer*, se necessário.

4. Despeje a ganache sobre a base *feuillantine* e deixe firmar por toda a noite, em local fresco e seco.

5. Pincele a superfície com a mistura de chocolate e manteiga de cacau e continue seguindo os passos 5–8 na página 46 para preparar chocolate em camadas.

6. Decore pressionando a parte larga de um bico de confeitar pequeno no chocolate para criar a forma de um círculo. Deixe firmar completamente por cerca de 2 horas em local fresco e seco.

Pistache e chocolate Toscano

O pistache proporciona o equilíbrio perfeito a este chocolate de sabor intenso.

Rende cerca de 80 chocolates

- 1 porção de Mistura de chocolate e manteiga de cacau (ver p. 29)
- 1 porção de Marzipã com pistache (ver p. 52–53)
- 240 mL (1 xícara rasa) de creme de leite fresco para chantilly
- 30 g de açúcar invertido (ver p. 23)
- 275 g de chocolate meio-amargo fino (com 70% de sólidos de cacau), bem picado
- 40 g (3 colheres de sopa) de manteiga sem sal, cortada em cubos e em temperatura ambiente
- 500 g de chocolate meio-amargo fino temperado (ver p. 18–19), para cobrir
- Pistache siciliano laminado, para decorar

1. Forre uma assadeira rasa com um tapete de silicone antiaderente e pincele generosamente com mistura de chocolate e manteiga de cacau. Deixe firmar por 4–5 minutos. Use o marzipã com pistache para forrar o tapete de silicone seguindo as instruções das páginas 52–53. Apare a massa e acerte as beiradas.

2. Coloque o creme de leite e o açúcar invertido em uma panela e leve ao fogo até levantar fervura. Retire do fogo e deixe esfriar até atingir 65–70°C.

3. Derreta o chocolate em uma tigela em banho-maria até cerca de 45°C e gradualmente adicione o creme de leite resfriado. Continue a mexer até obter uma emulsão. Acrescente a manteiga e continue a misturar até incorporar completamente. Bata com um *mixer*, se necessário.

4. Despeje a ganache sobre o marzipã e deixe firmar por toda a noite, em local fresco e seco.

5. Pincele a superfície com a mistura de manteiga de cacau e chocolate e continue seguindo os passos 5–8 na página 46 para preparar chocolate em camadas.

6. Decore com o pistache laminado e deixe firmar completamente por cerca de 2 horas, em local fresco e seco.

Café e nozes

Esta é uma de minhas combinações favoritas para bolo. Nesta versão, preparamos a base crocante com nozes.

Rende cerca de 80 chocolates

1 porção de **Base** *feuillantine* (ver p. 54–55), preparada substituindo as avelãs por 90 g (1 xícara) de nozes picadas
180 mL (¾ de xícara) de creme de leite fresco para chantilly
3 g (½ colher de chá) de café moído na hora
30 g de açúcar invertido (ver p. 23)
200 g de chocolate meio-amargo fino (com 70% de sólidos de cacau), picado
30 g (2 colheres de sopa) de manteiga sem sal, cortada em cubos e em temperatura ambiente
1 porção de **Mistura de chocolate e manteiga de cacau** (ver p. 29)
500 g de chocolate meio-amargo fino temperado (ver p. 18–19), para cobrir
Grãos de café bem picados, para decorar

1. Prepare a base *feuillantine* (adicionando 100 g de nozes picadas) e use para forrar um tapete de silicone antiaderente, seguindo as instruções das páginas 54–55.

2. Coloque o creme de leite em uma panela e leve ao fogo até levantar fervura. Adicione o café, retire do fogo, cubra com filme plástico e deixe em infusão por 2 horas.

3. Passe o creme de leite por uma peneira fina para remover o café e leve o líquido de volta à panela. Adicione o açúcar invertido e leve ao fogo novamente até ferver. Retire do fogo e deixe esfriar até atingir 65–70°C.

4. Derreta o chocolate em uma tigela em banho-maria até cerca de 45°C e gradualmente adicione o creme de leite resfriado. Continue a mexer até obter uma emulsão. Acrescente a manteiga e misture até incorporar completamente. Bata com um *mixer*, se necessário.

5. Despeje a ganache sobre a base *feuillantine* e deixe firmar por toda a noite, em local fresco e seco.

6. Pincele a superfície com a mistura de chocolate e manteiga de cacau e continue seguindo os passos 5–8 na página 46 para preparar chocolate em camadas.

7. Decore polvilhando com os grãos de café picados e deixe firmar completamente por cerca de 2 horas, em local fresco e seco.

Chocolate Chuao

Rende cerca de 80 chocolates

1 porção de **Mistura de chocolate e manteiga de cacau** (ver p. 29)
400 mL (1⅔ de xícara) de creme de leite fresco para chantilly
60 g de açúcar invertido (ver p. 23)
450 g de chocolate Chuao (ver p. 218), bem picado
70 g (6 colheres de sopa) de manteiga sem sal, cortada em cubos e em temperatura ambiente
500 g de chocolate meio-amargo fino temperado (ver p. 18–19), para cobrir
Folha de ouro comestível, para decorar

1. Forre uma assadeira rasa com um tapete de silicone antiaderente e pincele generosamente com mistura de chocolate e manteiga de cacau.

2. Coloque o creme de leite e o açúcar invertido em uma panela e leve ao fogo até levantar fervura. Retire do fogo e deixe esfriar até atingir 65–70°C.

3. Derreta o chocolate em uma tigela em banho-maria até cerca de 45°C e gradualmente adicione o creme de leite resfriado. Continue a mexer até obter uma emulsão. Acrescente a manteiga e continue a misturar até incorporar completamente. Bata com um *mixer*, se necessário.

4. Despeje a ganache sobre o tapete de silicone e deixe firmar por toda a noite, em local fresco e seco.

5. Pincele a superfície com a mistura de chocolate e manteiga de cacau e continue seguindo os passos 4–7 na página 45 para preparar chocolate aromatizado.

6. Decore com um pouco de folha de ouro comestível e deixe firmar completamente por cerca de 2 horas, em local fresco e seco.

Variações de sabor

Gergelim torrado
Siga a receita de Chocolate Chuao, substituindo o chocolate Chuao por 420 g de chocolate meio-amargo fino (com 65% de sólidos de cacau) e 60 g de *gianduia*. Após adicionar a manteiga à ganache, acrescente também 10 g de pasta de gergelim branco pronta e 10 g de pasta de gergelim preto pronta. Decore com algumas sementes torradas de gergelim branco.

CHOCOLATES GOURMET COM ESPECIARIAS

Capim-limão e gengibre

Especiarias e chocolate são uma excelente combinação; são tantas variedades disponíveis que não vão faltar ideias. Certifique-se de seguir as receitas cuidadosamente, em especial na pesagem das especiarias. Como em todas as nossas criações, elas são usadas para dar um toque sutil, temperando a ganache e acentuando os sabores do chocolate.

Rende cerca de 80 chocolates

1 porção de **Mistura de chocolate e manteiga de cacau** (ver p. 29)
400 mL (1⅔ de xícara) de creme de leite fresco para chantilly
10 g de capim-limão fresco, grosseiramente picado
2,5 g (½ colher de chá) de gengibre fresco ralado
60 g de açúcar invertido (ver p. 23)
450 g de chocolate meio-amargo fino (com 63% de sólidos de cacau), bem picado
60 g (5 colheres de sopa) de manteiga sem sal, cortada em cubos e em temperatura ambiente
500 g de chocolate meio-amargo fino temperado (ver p. 18–19), para cobrir
Gengibre fresco desidratado (ver quadro na p. 68), para decorar

1. Forre uma assadeira rasa com um tapete de silicone antiaderente e pincele generosamente com mistura de chocolate e manteiga de cacau.

2. Coloque o creme de leite em uma panela e leve ao fogo até levantar fervura. Adicione o capim-limão e o gengibre e retire do fogo, depois cubra com filme plástico e deixe em infusão por 4 horas.

3. Passe o creme por uma peneira fina para separar o capim-limão e o gengibre. Coloque o creme de volta na panela, acrescente o açúcar invertido e deixe levantar fervura novamente. Retire do fogo e deixe esfriar até atingir 65–70°C.

4. Derreta o chocolate em uma tigela em banho-maria até cerca de 45°C e gradualmente adicione o creme de leite resfriado. Continue a mexer até obter uma emulsão. Acrescente a manteiga e continue a misturar até incorporar completamente. Bata com um *mixer*, se necessário.

5. Despeje a ganache na assadeira preparada e deixe firmar por toda a noite, em local fresco e seco.

6. Pincele a superfície com a mistura de manteiga de cacau e chocolate e continue seguindo os passos 4–7 na página 45 para preparar ganache com infusão ou aromatizada.

7. Decore polvilhando com o gengibre desidratado e deixe firmar completamente por cerca de 2 horas, em local fresco e seco.

Variações de especiarias

Pimenta Sichuan
Siga a mesma receita, substituindo o capim-limão e o gengibre por 6 g (1 colher de chá) de pimenta Sichuan, e use 425 g de chocolate meio-amargo fino (com 66% de sólidos de cacau) e 65 g de *gianduia* (ver p. 218). Polvilhe com pimenta Sichuan desidratada em pó (ver quadro na p. 68) para decorar.

Cardamomo
Siga a mesma receita, substituindo o capim-limão e o gengibre por 15 g de cardamomo (vagens esmagadas e cascas removidas). Use uma tela de metal para decorar (ver p. 60–61).

Anis-estrelado
Siga a mesma receita, substituindo o capim-limão e o gengibre por 6 g de anis-estrelado e use 450 g de chocolate meio-amargo fino (com 63% de sólidos de cacau) e 50 g de *gianduia* (ver p. 218). Decore polvilhando com sementes de anis desidratadas em pó (ver quadro na p. 68).

CHOCOLATES GOURMET 67

De cima para baixo:
Chocolates *gourmet* com especiarias
Capim-limão e gengibre;
Pimenta Sichuan;
Cardamomo;
e Anis-estrelado.

CHOCOLATES GOURMET COM ERVAS SUAVES

Alecrim e azeite de oliva
Este chocolate foi um divisor de águas para muitos de nossos clientes mais tradicionais. É um de nossos sabores mais acessíveis, além de ser uma ótima conexão entre o clássico e o contemporâneo. Ele combina melhor com azeite de oliva picante.

Rende cerca de 80 chocolates

1 porção de Mistura de chocolate e manteiga de cacau (ver p. 29)

400 mL (1⅔ de xícara) de creme de leite fresco para chantilly

4 g (⅔ de colher de chá) de ramos de alecrim

60 g de açúcar invertido (ver p. 23)

2 g (¼ de colher de chá) de sal marinho

450 g de chocolate meio-amargo fino (com 66% de sólidos de cacau), bem picado

15 g (1 colher de sopa) de manteiga sem sal, cortada em cubos e em temperatura ambiente

75 mL (⅓ de xícara raso) de azeite de oliva

500 g de chocolate meio-amargo fino temperado (ver p. 18–19), para cobrir

Ramos de alecrim desidratado (ver quadro), para decorar

Decorações desidratadas
Para desidratar o alecrim desta receita, lave-o e retire os talos. Usando uma faca afiada, corte as folhas de alecrim em tiras finas. Branqueie em água fervente, resfrie com água fria, e escorra e seque com papel-toalha. Coloque as tiras sobre um tapete de silicone antiaderente e seque no forno, na temperatura mais baixa (100°C com a porta ligeiramente entreaberta) por 2 horas ou até secar. Armazene as sobras de ervas desidratadas em um recipiente hermético. Use este processo com outras ervas para criar diferentes sabores.

---

1 Forre uma assadeira rasa com um tapete de silicone antiaderente e pincele generosamente com mistura de chocolate e manteiga de cacau.

2 Coloque o creme de leite em uma panela e leve ao fogo até levantar fervura. Adicione o alecrim, retire do fogo, cubra com filme plástico e deixe em infusão por 2 horas.

3 Passe o creme por uma peneira fina para separar o alecrim. Coloque de volta na panela, acrescente o açúcar invertido e o sal, e deixe levantar fervura novamente. Retire do fogo e deixe esfriar até atingir 65–70°C.

4 Derreta o chocolate em uma tigela em banho-maria até cerca de 45°C e gradualmente adicione o creme de leite resfriado. Continue a mexer até obter uma emulsão. Acrescente a manteiga e continue a misturar até incorporar completamente. Aos poucos, adicione o azeite e misture até ficar homogêneo. Bata com um *mixer*, se necessário.

5 Despeje a ganache na assadeira preparada e deixe firmar por toda a noite, em local fresco e seco. Pincele a superfície com a mistura de chocolate e manteiga de cacau e continue seguindo os passos 4–7 na página 45 para preparar a ganache com infusão ou aromatizada.

6 Decore polvilhando com os ramos de alecrim desidratado e deixe firmar completamente por cerca de 2 horas, em local fresco e seco.

Variações de ervas

Mel Richmond Park
Siga a mesma receita, substituindo o alecrim por 60 g de mel Richmond Park e excluindo o açúcar invertido, o azeite e o sal. Ferva o mel com o creme de leite (não será necessário deixar em infusão ou passar por uma peneira). Use 400 g de chocolate meio-amargo fino (com 63% de sólidos de cacau) misturado com 130 g de chocolate ao leite fino.

Jasmim
Siga a mesma receita, usando os seguintes ingredientes: 350 mL (1½ xícara rasa) de creme de leite fresco para chantilly; 6 g (1 colher de chá) de flores de jasmim frescas; 60 g de açúcar invertido; 260 g de chocolate ao leite fino; 400 g de chocolate meio-amargo fino (com 63% de sólidos de cacau); e 60 g de manteiga sem sal. Deixe a infusão no creme de leite por 4 horas em vez de 2, e pressione um pedaço de folha de acetato em um dos cantos do chocolate para decorar.

Lavanda fresca
Siga a mesma receita, substituindo o alecrim por 5 g (½ colher de chá) de lavanda fresca e usando 60 g de açúcar invertido e 60 g de manteiga sem sal. Exclua o azeite de oliva e o sal. Use também uma mistura de 130 g de chocolate ao leite fino e 375 g de chocolate meio-amargo fino (com 65% de sólidos de cacau) em vez de apenas chocolate meio-amargo. Decore colocando um pouco de lavanda desidratada sobre o chocolate.

Manjericão tailandês
Siga a mesma receita, substituindo a erva por 10 g de folhas de manjericão tailandês e excluindo o óleo e o sal. Decore com tirinhas de manjericão tailandês desidratado (ver quadro ao lado).

CHOCOLATES GOURMET 69

De cima para baixo:
Chocolates gourmet com ervas suaves
Alecrim e azeite de oliva;
Mel Richmond Park;
Jasmim;
Lavanda fresca;
e Manjericão tailandês.

CHOCOLATES GOURMET COM ERVAS FORTES

Estragão e mostarda
Tenha cuidado para não adicionar as ervas ao creme fervente, pois isso pode enfraquecer seu sabor e destruir o aroma. Este chocolate é muito vistoso.

Rende cerca de 80 chocolates

1 porção de Mistura de chocolate e manteiga de cacau (ver p. 29)
1 porção de Ganache de estragão e mostarda (ver p. 48–51)
500 g de chocolate meio-amargo fino temperado (ver p. 18–19), para cobrir
Sementes de mostarda moídas, para decorar

1. Forre uma assadeira rasa com um tapete de silicone antiaderente e pincele generosamente com mistura de chocolate e manteiga de cacau.

2. Prepare a ganache com infusão de estragão e mostarda seguindo as instruções das páginas 48–51.

3. Despeje a ganache na assadeira preparada e deixe firmar por toda a noite, em local fresco e seco.

4. Pincele a superfície com a mistura de chocolate e manteiga de cacau e continue seguindo os passos 4–7 na página 45 para preparar a ganache com infusão ou aromatizada.

5. Decore polvilhando com as sementes de mostarda moídas e deixe firmar completamente por cerca de 2 horas, em local fresco e seco.

Variações de ervas fortes

Menta fresca
Siga a mesma receita, substituindo o estragão por 40 g de folhas de menta (lavadas e secas) e excluindo a mostarda moída. Depois de mergulhar o chocolate, decore colocando-o sobre uma folha de acetato com relevo para criar um desenho na base.

Tomilho e mel Scottish Heather
Siga a mesma receita, substituindo o estragão por 2,5 g (½ colher de chá) de folhas de tomilho-limão (lavadas e secas) e o açúcar invertido por 60 g de mel Scottish Heather. Exclua a mostarda moída. Use apenas 350 mL (1 ½ xícara rasa) de creme de leite fresco para chantilly e uma mistura de 400 g de chocolate meio-amargo fino (com 66% de sólidos de cacau) e 125 g de chocolate ao leite fino. Depois de mergulhar o chocolate, decore colocando-o sobre uma folha de acetato com relevo para criar um desenho na base.

Shiso
Siga a mesma receita, substituindo o estragão por 10 g de folhas de *shiso* frescas (lavadas e secas) e excluindo a mostarda moída. Depois de mergulhar o chocolate, decore colocando-o sobre uma folha de acetato com relevo para criar um desenho na base.

CHOCOLATES GOURMET 71

De cima para baixo:
Chocolates gourmet com ervas fortes
Estragão e mostarda;
Menta fresca;
Tomilho e mel Scottish Heather;
e *Shiso*.

CHOCOLATES GOURMET JAPONESES

Chá verde

Rende cerca de 80 chocolates

1 porção de Mistura de chocolate e manteiga de cacau (ver p. 29)
375 mL (1½ de xícara) de creme de leite fresco para chantilly
15 g de folhas de chá verde
55 g de açúcar invertido
200 g de chocolate ao leite fino, picado
290 g de chocolate meio-amargo fino (com 66% de sólidos de cacau), picado
60 g (5 colheres de sopa) de manteiga sem sal, cortada em cubos e em temperatura ambiente
500 g de chocolate meio-amargo fino temperado (ver p. 18–19)
Folhas de *sencha* (chá verde japonês)

1 Forre uma assadeira rasa com um tapete de silicone antiaderente e pincele com mistura de chocolate e manteiga de cacau. Coloque o creme de leite em uma panela e leve ao fogo até levantar fervura. Retire do fogo e deixe esfriar ligeiramente antes de adicionar as folhas de chá verde. Cubra com filme plástico e deixe em infusão por 4 horas. Passe o creme por uma peneira fina para separar as folhas de chá. Coloque de volta na panela, acrescente o açúcar invertido e deixe levantar fervura novamente. Retire do fogo e deixe esfriar até atingir 65–70°C.

2 Derreta o chocolate em uma tigela em banho-maria até cerca de 45°C e gradualmente adicione o creme de leite resfriado. Continue a mexer até obter uma emulsão. Acrescente a manteiga e continue a misturar até incorporar completamente. Bata com um *mixer*, se necessário. Despeje a ganache na assadeira preparada e deixe firmar por toda a noite, em local fresco e seco.

3 Pincele a superfície com a mistura de chocolate e manteiga de cacau e continue seguindo os passos 4–7 na página 45 para preparar a ganache com infusão. Decore com as folhas de *sencha* e deixe firmar completamente, em local fresco e seco.

Variações de sabor japonesas

Hojicha (chá verde torrado)
Siga a receita do chocolate de chá verde, substituindo as folhas de chá verde por 12 g de folhas de *hojicha*. Decore com folhas de *hojicha* trituradas.

Vinagre preto japonês
Siga a mesma receita, excluindo as folhas de chá verde. Ferva 395 mL (1⅔ de xícara) de creme de leite apenas uma vez com o açúcar invertido e depois junte 450 g de chocolate meio-amargo fino (com 70% de sólidos de cacau). Adicione também 25 g de vinagre preto japonês ao acrescentar a manteiga. Decore colocando cada chocolate sobre uma folha de acetato com relevo.

Yuzu (fruta cítrica japonesa)
Siga a mesma receita, substituindo as folhas de chá verde por 7 g (1 colher de chá) de raspas de *yuzu* (ver p. 218). Substitua a mistura de chocolates finos ao leite e meio-amargo por 450 g de chocolate meio-amargo fino (com 66% de sólidos de cacau). Decore com raspas de *yuzu* desidratadas (ver quadro na p. 68).

Matcha (chá verde em pó)
Siga a mesma receita, substituindo as folhas de chá verde por 25 g de *matcha* em pó. Ferva o creme de leite apenas uma vez com o açúcar invertido, separe uma pequena quantidade e junte com o *matcha* em pó para fazer uma pasta, e depois misture novamente com o restante do creme. Continue conforme a receita e decore com uma pitada de pó de *matcha*.

Damasco e *wasabi*

Rende cerca de 80 chocolates

½ porção de *Pâté de fruits* (ver p. 56–57 – substitua o purê de framboesa e as framboesas frescas por 325 g de purê de damasco)

Para a ganache de *wasabi*
2,5 g (½ colher de chá) de *wasabi* em pó
5 mL (1 colher de chá) de água
180 mL (¾ de xícara) de creme de leite fresco para chantilly
25 g de açúcar invertido (ver p. 23)
210 g de chocolate meio-amargo fino (com 66% de sólidos de cacau), picado
30 g (2 colheres de sopa) de manteiga sem sal, cortada em cubos e em temperatura ambiente
1 porção de Mistura de chocolate e manteiga de cacau (ver p. 29)
500 g de chocolate meio-amargo fino temperado (ver p. 18–19)

1 Junte o *wasabi* em pó e a água para formar uma pasta. Forre uma assadeira (rasa) com um tapete de silicone antiaderente. Coloque o creme de leite e o açúcar invertido em uma panela e leve ao fogo até levantar fervura. Retire do fogo e deixe esfriar até atingir 65–70°C. Misture um pouco do creme de leite à pasta de *wasabi* para formar uma pasta rala. Junte novamente ao creme e misture bem.

2 Derreta o chocolate em banho-maria até cerca de 45°C e adicione o creme resfriado. Continue a mexer até obter uma emulsão. Acrescente a manteiga e continue a misturar até incorporar completamente. Bata com um *mixer*, se necessário.

3 Prepare o chocolate com camada de geleia usando o *pâté de fruits* e a ganache, conforme as instruções da página 47. Decore colocando cada chocolate sobre uma folha de acetato com relevo.

CHOCOLATES GOURMET 73

Começando de cima, no sentido horário:
Chocolates gourmet japoneses
Hojicha (chá verde torrado);
Chá verde;
Matcha (chá verde em pó);
Damasco e *wasabi*;
Vinagre preto japonês;
e *Yuzu* (fruta cítrica japonesa).

CHOCOLATES GOURMET COM FRUTAS

Framboesa e chocolate Toscano
As notas frutadas presentes no chocolate combinam incrivelmente bem com a framboesa. Costumamos deixar as sementes no pâté de fruits, o que adiciona um pouco de textura.

Rende cerca de 80 chocolates

- ½ porção de *Pâté de fruits* de framboesa (ver p. 56–57)
- 145 mL (½ xícara generosa) de creme de leite fresco para chantilly
- 30 g de açúcar invertido (ver p. 23)
- 165 g de chocolate meio-amargo fino (com 63% de sólidos de cacau), bem picado
- 30 g (2 colheres de sopa) de manteiga sem sal, cortada em cubos e em temperatura ambiente
- 1 porção de Mistura de chocolate e manteiga de cacau (ver p. 29)
- 500 g de chocolate meio-amargo fino temperado (ver p. 18–19), para cobrir

1 Despeje o *pâté de fruits* de framboesa em uma assadeira rasa forrada com um tapete de silicone antiaderente e deixe firmar por toda a noite, em local fresco e seco.

2 Coloque o creme de leite e o açúcar invertido em uma panela e leve ao fogo até levantar fervura. Retire do fogo e deixe esfriar até atingir 65–70°C.

3 Derreta o chocolate em uma tigela em banho-maria até cerca de 45°C e gradualmente adicione o creme de leite resfriado. Continue a mexer até obter uma emulsão. Acrescente a manteiga e continue a misturar até incorporar completamente. Bata com um *mixer*, se necessário.

4 Despeje a ganache sobre o *pâté de fruits* e deixe firmar por toda a noite, em local fresco e seco.

5 Pincele a superfície com a mistura de chocolate e manteiga de cacau e continue seguindo os passos 5–8 na página 47 para preparar chocolate com camadas de geleia. Decore colocando o chocolate sobre uma folha de acetato com relevo para criar um desenho na base. Deixe firmar completamente, em local fresco e seco.

Variações de sabor

Maçã e amora
Siga a mesma receita, mas prepare o *pâté de fruits* com 325 g de purê de maçã e 5 mL (1 colher de chá) de suco de limão-siciliano e a ganache com 125 g de purê de amora pronto (ou prepare-o seguindo a receita de purê de cassis na p. 124) em vez do creme de leite.

Zimbro e cassis
Siga a mesma receita, mas prepare o *pâté de fruits* com 275 g de purê de cassis (ver p. 124) e 50 g de cassis frescos. Leve o creme de leite ao fogo até levantar fervura, adicione 5 g (¾ de colher de chá) de zimbro, cubra com filme plástico e deixe em infusão por 4 horas antes de passar por uma peneira fina. Então, continue a partir do passo 2. Decore com cassis em pó.

Maracujá e manga
Um excelente chocolate para o verão – perfeito com uma taça de espumante.

Rende cerca de 80 chocolates

- 1 porção de Mistura de chocolate e manteiga de cacau (ver p. 29)
- 125 g de purê de maracujá
- 125 g de purê de manga (siga o modo de preparo do purê de cassis na p. 124)
- 35 g de açúcar refinado extrafino
- 75 mL (⅓ de xícara raso) de creme de leite fresco para chantilly
- 60 g de açúcar invertido (ver p. 23)
- 300 g de chocolate meio-amargo fino (com 63% de sólidos de cacau), picado
- 180 g de chocolate ao leite fino (com 32% de sólidos de cacau), bem picado
- 60 g (5 colheres de sopa) de manteiga sem sal, cortada em cubos e em temperatura ambiente
- 500 g de chocolate meio-amargo fino temperado (ver p. 18–19)

1 Forre uma assadeira rasa com um tapete de silicone antiaderente e pincele generosamente com mistura de chocolate e manteiga de cacau. Junte os dois purês de frutas, o açúcar refinado, o creme de leite e o açúcar invertido em uma panela e leve ao fogo até levantar fervura. Retire do fogo e deixe esfriar até atingir 65–70°C.

2 Derreta o chocolate em banho-maria até cerca de 45°C e, aos poucos, acrescente o creme de frutas resfriado. Continue a mexer até obter uma emulsão. Acrescente a manteiga e continue a misturar até incorporar completamente. Bata com um *mixer*, se necessário. Despeje no tapete de silicone preparado e deixe firmar por toda a noite, em local fresco e seco.

3 Pincele a superfície com a mistura de chocolate e manteiga de cacau e continue seguindo os passos 4–7 na página 45 para preparar ganache com infusão ou aromatizada. Decore colocando sobre uma folha de acetato com relevo para criar um desenho na base. Deixe firmar, em local fresco e seco.

CHOCOLATES GOURMET 75

De cima para baixo:
Chocolates gourmet com frutas
Maçã e amora;
Framboesa e chocolate Toscano;
Maracujá e manga;
e Zimbro e cassis.

PREPARANDO CHOCOLATES EM MOLDES

Usamos este método para preparar nossos chocolates com caramelo que, por serem moles, precisam ser protegidos por uma casquinha, embora você possa utilizar recheios alternativos (p. ex., uma ganache preparada com infusão ou aromatizada, o recheio da Barra de chocolate e coco [ver p. 114] ou a Base *feuillantine* [ver p. 54–55]). É possível adquirir casquinhas prontas, mas a qualidade do chocolate tende a ser inferior, por isso considero muito mais divertido e satisfatório prepará-las por conta própria.

Nota: Sempre utilize chocolate temperado (ver p. 18–19) ao encher os moldes.

1 Encha os moldes com o chocolate temperado.

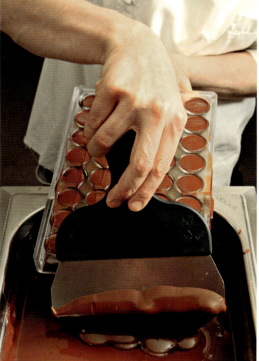

2 Raspe o excesso de chocolate com um raspador e bata com ele nas laterais do molde para retirar as bolhas de ar.

3 Vire o molde com a parte aberta para baixo sobre um recipiente e bata novamente com o raspador – a maior parte do chocolate deve cair no recipiente, deixando apenas uma casca cobrindo cada cavidade das forminhas. Vire novamente e retire o excesso com o raspador. Coloque o molde com a parte aberta virada para baixo sobre uma assadeira rasa forrada com uma folha de silicone ou papel--manteiga. Deixe firmar por 10–15 minutos, em local fresco e seco.

4 Coloque o caramelo frio (ou outro recheio) em um saco para confeitar e faça um pequeno orifício na extremidade do saco – não muito grande, do contrário o caramelo escorrerá rápido demais. Pressione o caramelo dentro das casquinhas nos moldes até que estejam ⅘ cheios.

5 Despeje mais chocolate temperado por cima até completar cada cavidade, e nivele com uma espátula. Deixe firmar completamente por, pelo menos, 2-3 horas em local fresco e seco.

6 Depois de endurecerem, torça o molde para soltar os chocolates, vire-o e bata nele com cuidado para que os chocolates se desprendam totalmente.

CHOCOLATES GOURMET COM CARAMELO

Os caramelos são grandes favoritos em nossas lojas, e os salgados são os mais populares. Em 2011, nosso Caramelo com açúcar mascavo foi eleito o melhor chocolate pela Academy of Chocolate Awards. Nossa seleção diversificada possivelmente agradará a todos os gostos, mas por meio de tentativa e erro você pode criar seu próprio clássico.

Não se intimide ao preparar o caramelo, é mais simples do que você imagina. Gosto que nosso caramelo tenha um sabor profundo e intenso, que só pode ser obtido pela caramelização do açúcar até atingir uma coloração âmbar – você saberá se ele atingiu o ponto certo quando observar que ele libera uma espécie de névoa. Mantenha o creme de leite fervido sempre à mão para interromper o cozimento. A manteiga deve ser escolhida com cuidado, pois ela determinará a qualidade do caramelo. Utilizamos a melhor entre às manteigas francesas, que possui flor de sal em sua composição.

CHOCOLATES GOURMET 79

Caramelo com sal marinho
Um caramelo bem preparado com a adição de sal terá sua doçura equilibrada, permitindo que seu delicioso sabor, intenso e natural, apareça.

> **Nota:** Todas as receitas de caramelo utilizam moldes para chocolate com 24 ou 40 cavidades (cada um tendo pelo menos 1,5 cm de profundidade).

Rende cerca de 80 chocolates

185 mL (¾ de xícara) de creme de leite fresco para chantilly
1 fava de baunilha, cortada ao meio no sentido do comprimento
375 g (1⅔ de xícara) de açúcar refinado extrafino

60 g de glucose líquida
300 g (3 tabletes) de manteiga com sal marinho, cortada em cubos e em temperatura ambiente
500 g de chocolate meio-amargo fino temperado (ver p. 18–19)

4

5

6

1 Coloque o creme de leite em uma panela. Raspe as sementes de baunilha e coloque-as, junto com a fava, no creme de leite. Deixe levantar fervura. Retire do fogo imediatamente.

2 Enquanto isso, aqueça uma panela de fundo reforçado vazia. Quando estiver quente, coloque um terço do açúcar junto com a glucose líquida e aqueça em fogo baixo até formar um caramelo e os cristais se dissolverem.

3 Adicione o restante do açúcar e continue a cozinhar até obter uma coloração âmbar. Isso levará cerca de 15 minutos, mas o ideal é ficar atento durante o cozimento, pois o tempo pode variar.

4 Aos poucos, adicione o creme de leite morno ao caramelo. Misture bem e retire do fogo.

5 Acrescente a manteiga, cubo por cubo. Misture bem até incorporar completamente e deixe esfriar.

6 Encha os moldes com chocolate temperado e caramelo conforme as instruções das páginas 76–77.

Caramelo de laranja e vinagre balsâmico

A ideia por trás deste chocolate foi tirada de uma calda de laranja e caramelo que preparei em meus dias de aprendiz. A acidez da laranja e do vinagre balsâmico equilibra perfeitamente a intensidade do caramelo.

Rende cerca de 80 chocolates

250 mL (1 xícara) de suco de laranja

¼ de fava de baunilha, cortada ao meio no sentido do comprimento

90 mL (⅓ de xícara) de creme de leite fresco para chantilly

300 g (1⅓ de xícara) de açúcar refinado extrafino

40 g de glucose líquida

100 g (1 tablete) de manteiga sem sal, cortada em cubos e em temperatura ambiente

100 g (1 tablete) de manteiga com sal marinho, cortada em cubos e em temperatura ambiente

12,5 mL (2½ colheres de chá) de vinagre balsâmico

500 g de chocolate meio-amargo fino temperado (ver p. 18–19)

1

suco reduzido

3

1 Coloque o suco de laranja em uma panela. Raspe as sementes de baunilha e coloque-as junto com a fava no suco. Leve ao fogo até ferver e deixe cozinhar até reduzir para cerca de 150 mL (⅔ de xícara), por aproximadamente 8–10 minutos.

2 Coloque o creme de leite em uma panela e leve ao fogo até levantar fervura.

3 Enquanto isso, aqueça uma panela de fundo reforçado vazia. Quando estiver quente, coloque um terço do açúcar junto com a glucose líquida e aqueça em fogo baixo até formar um caramelo e dissolver os cristais. Adicione o restante do açúcar e continue a cozinhar até obter uma coloração âmbar. Isso levará cerca de 15 minutos, mas o ideal é ficar atento durante o cozimento, pois o tempo pode variar.

4 Aos poucos, adicione o creme de leite morno ao caramelo. Misture bem e acrescente o suco de laranja reduzido e baunilha. Retire do fogo.

5 Adicione os dois tipos de manteiga, cubo por cubo, misture bem e depois deixe esfriar. Junte o vinagre e mexa até ficar completamente homogêneo. Encha o molde com chocolate temperado e caramelo conforme as instruções das páginas 76–77.

CHOCOLATES GOURMET COM CARAMELO

Caramelo com gengibre

As notas picantes presentes neste chocolate ajudam a equilibrar o caramelo, proporcionando um sabor residual perfeito.

Rende cerca de 80 chocolates

150 mL (⅔ de xícara) de creme de leite fresco para chantilly
12 g de gengibre fresco ralado
250 g (1 xícara generosa) de açúcar refinado extrafino
40 g de glucose líquida
60 g de chocolate meio-amargo fino (com 70% de sólidos de cacau), picado
90 g (7 colheres de sopa) de manteiga sem sal, cortada em cubos e em temperatura ambiente
90 g (7 colheres de sopa) de manteiga com sal marinho, cortada em cubos e em temperatura ambiente
500 g de chocolate meio-amargo fino temperado (ver p. 18–19), para cobrir

1 Coloque o creme de leite e o gengibre em uma panela e leve ao fogo até levantar fervura. Retire do fogo e cubra com filme plástico. Deixe em infusão por 30 minutos. Passe por uma peneira.

2 Enquanto isso, aqueça uma panela de fundo reforçado vazia. Quando estiver quente, coloque um terço do açúcar junto com a glucose líquida e aqueça em fogo baixo até formar um caramelo e dissolver os cristais. Adicione o restante do açúcar e deixe cozinhar até obter uma coloração âmbar. Isso levará cerca de 15 minutos, mas o ideal é ficar atento durante o cozimento, pois o tempo pode variar.

3 Aos poucos, adicione o creme de leite morno ao caramelo, misture bem e adicione o chocolate. Adicione os dois tipos de manteiga, mexa bem até incorporar completamente e depois deixe esfriar. Encha os moldes com chocolate temperado e caramelo conforme as instruções das páginas 76–77.

Caramelo com azeitona preta e tomate

Rende cerca de 80 chocolates

125 mL (½ xícara) de creme de leite fresco para chantilly
10 g de azeitonas pretas Kalamata, sem caroços e bem picadas
3 tomates, cortados grosseiramente
Uma pitada de sal e pimenta-do-reino
1 g (¼ de colher de chá) de vinagre balsâmico
250 g (1 xícara generosa) de açúcar refinado extrafino
40 g de glucose líquida
200 g (2 tabletes) de manteiga sem sal, cortada em cubos e em temperatura ambiente
500 g de chocolate meio-amargo fino temperado (ver p. 18–19), para cobrir

1 Coloque o creme de leite e as azeitonas picadas em uma panela e leve ao fogo até levantar fervura. Retire do fogo. Enquanto isso, cozinhe os tomates em uma panela em fogo baixo por 15 minutos até que a umidade tenha evaporado. Adicione o sal, a pimenta e o vinagre balsâmico. Passe a mistura de tomate por uma peneira fina para obter uma pasta e deixe esfriar.

2 Aqueça uma panela de fundo reforçado vazia. Quando estiver quente, coloque um terço do açúcar junto com a glucose líquida e aqueça em fogo baixo até formar um caramelo e dissolver os cristais. Adicione o restante do açúcar e continue a cozinhar até obter uma coloração âmbar. Isso levará cerca de 15 minutos.

3 Aos poucos, adicione o creme de leite morno ao caramelo, misturando bem. Acrescente a manteiga, cubo por cubo. Mexa bem, deixe esfriar, e junte a polpa de tomate. Deixe esfriar completamente. Encha os moldes com chocolate temperado e caramelo conforme as instruções das páginas 76–77.

Caramelo com manteiga salgada e açúcar mascavo

Este foi o chocolate que recebeu a maior pontuação na premiação da Academy of Chocolate em 2011.

Rende cerca de 80 chocolates

125 mL (½ xícara) de creme de leite fresco para chantilly
¼ de fava de baunilha, cortada ao meio no sentido do comprimento
85 g (⅓ de xícara generoso) de açúcar refinado extrafino
40 g de glucose líquida
85 g (⅓ de xícara generoso) de açúcar refinado amarelo extrafino
200 g (2 tabletes) de manteiga com sal marinho, cortada em cubos e em temperatura ambiente
125 g de açúcar mascavo
500 g de chocolate meio-amargo fino temperado (ver p. 18–19)

1 Coloque o creme de leite em uma panela. Raspe as sementes de baunilha e coloque-as, junto com a fava, no creme de leite. Deixe ferver e retire do fogo.

2 Enquanto isso, aqueça uma panela de fundo reforçado vazia. Quando estiver quente, coloque metade do açúcar refinado comum junto com a glucose líquida e aqueça em fogo baixo até formar um caramelo e dissolver os cristais. Acrescente o restante do açúcar, refinado e amarelo, e deixe cozinhar até obter uma coloração âmbar. Isso levará cerca de 15 minutos, mas o ideal é ficar atento, pois o tempo pode variar. Adicione o açúcar mascavo e deixe derreter em fogo baixo até fundir completamente.

3 Junte o creme de leite ao caramelo. Misture e retire do fogo. Adicione a manteiga. Misture bem até incorporar completamente e deixe esfriar. Encha os moldes com chocolate temperado e caramelo conforme as instruções das páginas 76–77.

CHOCOLATES GOURMET 83

Nota: Todas as receitas de caramelo utilizam moldes para chocolate com 24 ou 40 cavidades (cada um tendo pelo menos 1,5 cm de profundidade).

De cima para baixo:
Chocolates *gourmet* com caramelo
Caramelo com gengibre;
Caramelo com manteiga salgada e açúcar mascavo;
Caramelo com sal marinho (ver p. 79);
Caramelo de laranja e vinagre balsâmico (ver p. 80);
e Caramelo com azeitona preta e tomate

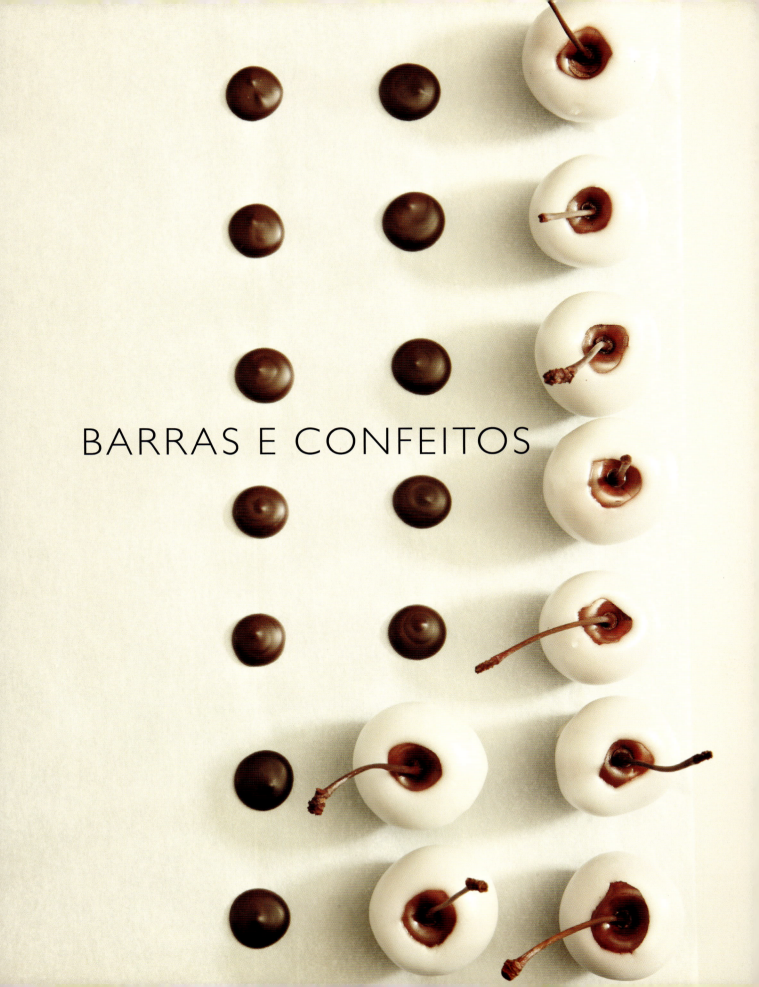

BARRAS E CONFEITOS

DECORAÇÃO DE BARRAS: *Confit* de laranja

Estes pedaços de laranjas doces podem ser usados como decoração para suas barras de chocolate (ver p. 88). As tirinhas de confit também podem ser mergulhadas em chocolate temperado, como no Confit de grapefruit com nibs de cacau (ver p. 105), e apreciadas isoladamente.

Rende cerca de 12 unidades

3 laranjas navelinas
500 mL (2 xícaras) de água
375 g (1⅔ de xícara) de açúcar refinado extrafino
1 fava de baunilha, cortada ao meio no sentido do comprimento

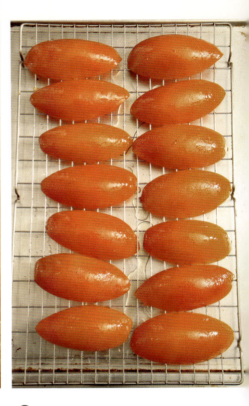

1 Marque a parte externa de uma laranja em quartos, depois descasque cada um deles, delicadamente. Coloque a casca em uma panela e encha com água suficiente apenas para cobri-la. Deixe ferver, escorra e descarte a água. Resfrie as cascas sob água fria. Repita este processo mais duas vezes.

2 Coloque as cascas escorridas, a água e o açúcar em uma panela. Raspe as sementes de baunilha e coloque, junto com a fava, na panela. Deixe levantar fervura. Reduza para fogo baixo e continue a cozinhar por mais 30 minutos. Retire a panela do fogo e deixe esfriar por 30 minutos. Tampe e deixe esfriar completamente, por toda a noite.

3 Leve a panela de volta ao queimador e deixe levantar fervura. Reduza para fogo baixo e cozinhe por mais 2 horas até que a laranja esteja macia e caramelizada. Deixe esfriar por toda a noite.

4 Escorra o excesso de calda (ela pode ser guardada e reutilizada) e coloque o *confit* de laranja sobre um aramado. Deixe secar por 3–4 horas e corte em tiras finas, quando necessário.

BARRAS E CONFEITOS 87

DECORAÇÃO DE BARRAS: Pistache cristalizado salgado

Mais decorações para suas barras de chocolate (ver p. 88). De preferência, utilize o pistache siciliano para esta receita — apesar de ser mais difícil de encontrar e mais caro do que a variedade-padrão, neste caso, sua alta qualidade compensa.

Rende aproximadamente 150 g
(1 xícara)

125 g (¾ de xícara) de pistache
60 g (⅓ de xícara raso) de açúcar cristal

15 mL (3 colheres de chá) de *kirsch*
3 g (½ colher de chá) de sal marinho

1 Preaqueça o forno a 200°C. Espalhe o pistache em uma assadeira rasa antiaderente e asse no forno preaquecido por 5 minutos, virando na metade do tempo. Deixe esfriar.

2 Coloque as oleaginosas em uma tigela, acrescente o açúcar, o *kirsch* e o sal marinho. Misture tudo e coloque em uma assadeira forrada com um tapete de silicone antiaderente. Espalhe uniformemente.

3 Asse no forno por mais 10-12 minutos, virando duas vezes durante o cozimento para assegurar que assem por igual. Deixe esfriar, e use imediatamente ou armazene em um recipiente hermético.

BARRAS DECORADAS COM FRUTAS E OLEAGINOSAS

Adoro a combinação de frutas e oleaginosas. Estas barras têm um visual fabuloso e são sempre motivo de comentários na loja. Fique à vontade para criar suas próprias versões.

Confit de laranja
Rende 6 barras

850 g de chocolate meio-amargo fino temperado (ver p. 18–19)

85 g de *Confit* de laranja (ver p. 86), cortado em tiras

60 g (½ xícara rasa) de avelãs tostadas, metade picada e metade inteira

85 g (½ xícara rasa) de amêndoas tostadas

40 g de **Pistache cristalizado salgado** (ver p. 87)

Damasco e *cranberry*
Rende 6 barras

850 g de chocolate meio-amargo fino temperado (ver p. 18–19)

150 g (¾ de xícara) de damascos desidratados, cortados ao meio

30 g de *cranberries* desidratados

60 g de **amêndoas cristalizadas** (siga a receita da página 102, mas não mergulhe as amêndoas em *gianduia*)

Frutas de outono
Rende 6 barras

850 g de chocolate meio-amargo fino temperado (ver p. 18-19)

140 g (1 xícara) de pera desidratada, cortada em fatias

30 g de maçã desidratada, cortada em fatias

10 g de cassis desidratados por liofilização

1 Limpe e lustre os moldes para barras. Despeje o chocolate temperado nas cavidades e bata em uma superfície dura para eliminar bolsas de ar.

2 Use um raspador para passar na parte superior dos moldes e produzir uma superfície plana.

Nota: Você irá precisar de moldes para barras de 8 × 16 cm com 3 cavidades.

3 Com cuidado, pressione as frutas no chocolate, deixando espaços iguais entre elas. Deixe firmar em local fresco e seco, sem cobrir, por pelo menos 3–4 horas.

4 Retire as barras batendo delicadamente o molde em uma superfície plana e limpa.

BARRAS E CONFEITOS 91

BARRAS COM INFUSÕES

Desenvolvemos nossas receitas usando apenas ingredientes naturais — isso leva um pouco mais de tempo, mas os resultados valem a pena.

Alecrim e sal marinho
Rende 9 barras

5,5 g (1 colher de chá) de alecrim, lavado e seco

500 g de chocolate meio-amargo fino temperado (ver p. 18–19)

1 g (uma pitada) de sal marinho

Para a infusão de ervas

5,5 g (1 colher de chá) de alecrim, lavado e seco

25 g de manteiga de cacau

Nota: Você irá precisar de dois moldes para barras de 27,5 × 17,5 cm com 6 cavidades.

Variações:
Escolha entre as duas combinações a seguir ou use seus sabores preferidos e crie sua própria mistura.

Manjericão e pimenta-do-reino
Rende 9 barras

6 g (1 colher de chá) de manjericão (metade deve ser desidratada e metade adicionada à manteiga de cacau)

25 g de manteiga de cacau

500 g de chocolate meio-amargo fino temperado (ver p. 18–19)

1,5 g (¼ de colher de chá) de pimenta-do-reino moída na hora

Menta
Rende 9 barras

8 g (1¼ de colher de chá) de menta (3 g/½ colher de chá deve ser desidratada; o resto, adicionado à manteiga de cacau)

25 g de manteiga de cacau

500 g de chocolate meio-amargo fino temperado (ver p. 18–19)

1 Limpe e lustre os moldes para barras. Pique bem fino metade do alecrim e coloque em uma assadeira rasa. Preaqueça o forno na temperatura mais baixa, cerca de 110°C, deixe a porta entreaberta e desidrate o alecrim por 1 hora ou até que as folhas tenham secado. Reserve.

2 Para fazer a infusão de ervas, aqueça a manteiga de cacau em uma panela até atingir 60°C em um termômetro de açúcar, depois acrescente o alecrim. Tampe e deixe a panela com a infusão em local morno, por toda a noite.

3 Reaqueça a mistura de manteiga de cacau, deixe esfriar ligeiramente, e depois passe por uma peneira fina.

4 Misture ao chocolate temperado metade da mistura de manteiga de cacau com infusão (a outra metade pode ser armazenada em um recipiente hermético, em local fresco, para ser usada em outra ocasião).

5 Despeje nas cavidades dos moldes para barras.

6 Decore o chocolate com o alecrim desidratado e sal marinho e deixe firmar em local fresco e seco, sem cobrir, por pelo menos 3–4 horas. Retire as barras batendo delicadamente o molde em uma superfície plana e limpa.

3

4

5

6

BARRA FEUILLANTINE

Esta é uma de minhas barras favoritas, ricamente recheada com nossa pralina caseira e avelãs do Piemonte.

Nota: Você irá precisar de um molde para barras de 27,5 × 13,5 cm com 8 cavidades arredondadas.

Rende 8 barras

20 g de avelãs do Piemonte, picadas grosseiramente
65 g de biscoitos *feuillantine* (ver p. 218)
75 g de chocolate ao leite fino (com 32% de sólidos de cacau), bem picado
50 g de **Pasta pralina** (ver p. 158–159)
500 g de chocolate meio-amargo fino temperado (ver p. 18–19)

3

6

7

1 Limpe e lustre os moldes para barras.

2 Misture as avelãs picadas e os biscoitos *feuillantine* em uma tigela pequena e reserve.

3 Derreta o chocolate ao leite em uma tigela em banho-maria a 45°C. Junte a pasta pralina e retire do fogo. Acrescente os biscoitos *feuillantine* e as avelãs.

4 Despeje o chocolate temperado nos moldes para barras e bata em uma superfície dura para eliminar bolsas de ar.

5 Vire os moldes despejando o chocolate de volta na tigela e raspe a superfície para obter um invólucro para o recheio de pralina. Deixe endurecer em local fresco e seco, sem cobrir, por cerca de 20 minutos.

6 Coloque a mistura de pralina nas cavidades até ficarem quase cheias, depois nivele com uma espátula.

7 Despeje o restante do chocolate temperado sobre o recheio e raspe a superfície para selar as barras.

8 Deixe firmar em local fresco e seco, sem cobrir, por pelo menos 2–3 horas, até que o chocolate se solte dos moldes.

9 Retire as barras batendo delicadamente o molde em uma superfície plana e limpa.

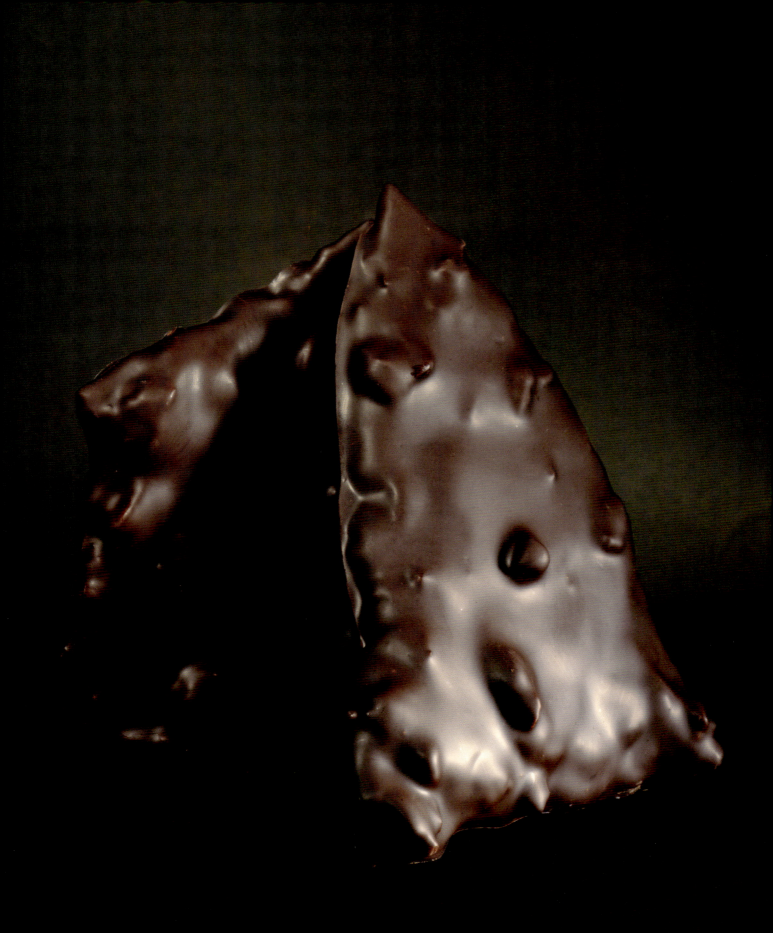

CROCANTE DE NOZES

Esta é uma de nossas criações mais recentes – as notas amanteigadas das nozes cobertas com nougatine *caramelizada formam um equilíbrio perfeito com o chocolate meio-amargo.*

Rende aproximadamente 12 unidades

40 g (3 colheres de sopa) de manteiga sem sal
80 g (⅓ de xícara) de açúcar refinado extrafino
30 g de glucose líquida
100 g (1 xícara) de nozes, grosseiramente picadas
500 g de chocolate meio-amargo fino temperado (ver p. 18–19)

3

3

4

1 Preaqueça o forno a 200°C e forre uma assadeira rasa com um tapete de silicone antiaderente.

2 Derreta a manteiga, o açúcar e a glucose em uma panela em fogo médio. Retire do fogo e acrescente as nozes picadas.

3 Espalhe a mistura de nozes sobre o tapete de silicone e asse no forno preaquecido por 8–10 minutos até que esteja caramelizada. Retire do forno e deixe esfriar.

4 Quebre os crocantes em pedaços irregulares.

5 Mergulhe os pedaços de crocante de nozes no chocolate temperado até ficarem completamente cobertos e coloque sobre uma assadeira rasa forrada com uma folha de silicone ou papel-manteiga para endurecer.

6 Deixe firmar em local fresco e seco por pelo menos 1 hora.

LÂMINAS DE CHOCOLATE
Sementes de gergelim torradas e chocolate ao leite

Gosto de utilizar chocolate ao leite com notas de caramelo e sempre torro as sementes de gergelim para liberar seu sabor.

Rende 2 assadeiras que podem ser quebradas em cerca de 30 unidades

50 g de sementes de gergelim branco
50 g de sementes de gergelim negro
500 g de chocolate ao leite fino temperado (ver p. 18–19)

1 Em uma frigideira, torre ligeiramente as sementes de gergelim, branco e negro, em fogo médio por alguns minutos. Junte as sementes de gergelim ao chocolate temperado até obter uma mistura uniforme.

2 Espalhe uma camada fina de chocolate sobre uma folha de acetato, silicone ou papel-manteiga.

3 Cubra essa camada com outro pedaço de folha e coloque tudo entre duas assadeiras rasas ou chapas de acrílico. Repita este processo para fazer uma segunda lâmina. Deixe firmar por pelo menos 2 horas, em local fresco e seco.

4 Retire a assadeira ou chapa superior, remova cuidadosamente a folha de acetato (silicone ou papel-manteiga) e quebre a lâmina em pedaços.

Nota: Você irá precisar de 4 folhas de acetato (silicone ou papel-manteiga) medindo cerca de 30 × 40 cm (as lâminas ficarão mais brilhantes com o acetato).

Chocolate branco e *nibs* de cacau

Raramente usamos chocolate branco por seu baixo conteúdo de cacau – nesta receita as lâminas são cobertas com nibs de cacau para um toque adicional.

Rende 2 assadeiras que podem ser quebradas em cerca de 30 unidades

10 g de mel líquido
30 g de *nibs* de cacau
500 g de chocolate branco fino temperado (ver p. 18–19)

1 Preaqueça o forno em sua temperatura mais baixa (ou cerca de 100°C) e forre uma assadeira rasa com um tapete de silicone antiaderente.

2 Em uma panela, aqueça o mel em fogo médio e acrescente os *nibs* de cacau.

3 Espalhe os *nibs* sobre o tapete de silicone e transfira para o forno por cerca de 2 horas – deixe a porta do forno entreaberta para manter a temperatura mais baixa possível. Deixe esfriar, então use imediatamente ou armazene em um recipiente hermético.

4 Espalhe uma camada fina de chocolate branco temperado em uma folha de acetato, silicone ou papel-manteiga e polvilhe com os *nibs* cobertos de mel. Cubra com outro pedaço de folha e coloque tudo entre duas assadeiras rasas ou chapas de acrílico. Repita esse processo para fazer uma segunda lâmina. Deixe firmar por pelo menos 2 horas, em local fresco e seco.

5 Retire a assadeira ou chapa superior, remova cuidadosamente a folha de acetato (silicone ou papel-manteiga) e quebre a lâmina em pedaços.

BARRAS E CONFEITOS 99

PIRULITOS DE CHOCOLATE

Estes pirulitos são muito divertidos de fazer – a forma perfeita de envolver as crianças nas atividades da cozinha.

Combinações de sabores — Cada uma rende 15 pirulitos

Chocolate meio-amargo fino com pistache cristalizado, gergelim torrado e *cranberry*

200 g de chocolate meio-amargo fino temperado (ver p. 18–19)

3 g (½ colher de chá) de sementes de gergelim branco, ligeiramente torradas

16 g de **Pistache cristalizado salgado** (ver p. 87)

20 g de *cranberries* desidratados

Chocolate ao leite fino com *confit* de laranja, pistache cristalizado e *nibs* de cacau

200 g de chocolate ao leite fino temperado (ver p. 18–19)

16 g de **Pistache cristalizado salgado** (ver p. 87)

15 g de *Confit* de laranja (ver p. 86), cortado em tiras de 3 cm

3 g (½ colher de chá) de *nibs* de cacau

Chocolate branco fino com amêndoas fatiadas, framboesas desidratadas e sementes de gergelim negro

200 g de chocolate branco fino temperado (ver p. 18–19)

3 g (½ colher de chá) de sementes de gergelim negro, ligeiramente torradas

12 g de amêndoas fatiadas tostadas

3 g (½ colher de chá) framboesas desidratadas por liofilização

1 Use um lápis para desenhar 15 círculos de 4,5 cm de diâmetro em uma folha de silicone ou papel-manteiga. Com uma colher de chá, preencha cada círculo com o chocolate temperado.

2 Coloque um palito para pirulito em cada disco de chocolate e certifique-se de que esteja bem coberto, para que fique bem preso.

3 Decore cada um com as coberturas escolhidas. Deixe firmar por 2–3 horas em local seco e fresco.

FLORENTINES

Um biscoito italiano preparado com frutas cristalizadas e oleaginosas. Existem muitas variações; a nossa versão é simples, com amêndoas, confit de laranja e chocolate.

Rende 20 unidades

20 discos de chocolate (siga as técnicas para o preparo da folha de chocolate, na p. 157 e use um cortador de biscoitos de 6 cm)

25 g (2 colheres de sopa) de manteiga sem sal

75 g (⅓ de xícara) de açúcar refinado extrafino

10 g (½ colher de sopa) de farinha de trigo comum

65 mL (¼ de xícara) de creme de leite fresco para chantilly

50 g (½ xícara) de amêndoas em flocos

50 g (¼ de xícara) de amêndoas fatiadas (ou amêndoas branqueadas, picadas grosseiramente)

75 g de *Confit* de laranja (ver p. 86), picado

500 g de chocolate meio-amargo fino temperado (ver p. 18–19)

> **Nota:** Você irá precisar de um cortador redondo de 6 cm e duas fôrmas de silicone para *muffins* com 12 cavidades.

1 Faça 20 discos de chocolate meio-amargo temperado seguindo as instruções das técnicas para o preparo da folha de chocolate, na p. 157. Use um cortador redondo de 6 cm em vez de um cortador quadrado.

2 Preaqueça o forno a 200°C.

3 Em uma panela, derreta a manteiga em fogo médio. Retire do fogo e acrescente o açúcar e a farinha. Aos poucos, incorpore o creme de leite e mexa até ficar homogêneo. Acrescente as amêndoas, em flocos e fatiadas, e o *confit* de laranja.

4 Coloque 1 colher de sopa da mistura em 20 cavidades da fôrma de silicone para *muffins*. Asse por 10–12 minutos até dourar e caramelizar. Deixe esfriar um pouco, depois retire da forma. Coloque em aramados e deixe esfriar completamente.

5 Espalhe o chocolate temperado sobre a face lisa das *florentines* assadas.

6 Cubra cada uma com um disco de chocolate e espalhe mais chocolate na superfície novamente. Passe um raspador de borda frisada sobre o chocolate para criar um efeito ondulado.

7 Deixe firmar por pelo menos 1 hora, em local fresco e seco.

1

5

6

QUATRO CONFEITOS

Barras e confeitos são uma mistura do clássico e do contemporâneo. Ao usar técnicas clássicas, buscamos introduzir algumas combinações interessantes em nosso trabalho artesanal.

Amêndoas cristalizadas cobertas com *gianduia*
Nesta receita, cristalizamos as amêndoas para que fiquem crocantes e depois as passamos no mais fabuloso gianduia, a fim de inová-las, conferindo-lhes outra dimensão.

Rende cerca de 12 porções

400 g (2 xícaras) de amêndoas inteiras (de preferência Avola)
125 g (½ xícara generosa) de açúcar refinado extrafino
25 mL (1½ colher de sopa rasa) de água
250 g (2½ xícaras) de cacau em pó
400 g de *gianduia* (ver p. 218)

6

1 Preaqueça o forno a 200°C. Espalhe as amêndoas sobre uma assadeira antiaderente e toste ligeiramente por 5–6 minutos no forno preaquecido. Transfira para uma panela de fundo reforçado.

2 Em outra panela, cozinhe o açúcar e a água em fogo médio até atingir cerca de 118°C. Despeje essa calda de açúcar sobre as amêndoas na panela de fundo reforçado.

3 Cozinhe em fogo médio, mexendo sempre, até que uma crosta branca se forme em volta das amêndoas e o açúcar cristalize – isso deve levar cerca de 5–6 minutos.

4 Retire a panela do fogo e espalhe as amêndoas cristalizadas sobre um tapete de silicone antiaderente. Separe todas as amêndoas de modo que fiquem uniformemente espalhadas. Reserve para esfriar e endurecer.

5 Coloque o cacau em pó em um prato raso ou bandeja. Derreta o *gianduia* em uma tigela em banho-maria a 45°C e deixe esfriar até 31–32°C.

6 Com cuidado, coloque as amêndoas no *gianduia* derretido, um pouco de cada vez. Levante com um garfo para mergulhar, solte no cacau em pó e role até cobrir completamente. Repita com as demais amêndoas.

7 Deixe firmar por 10 minutos e então passe por uma peneira ou agite para retirar o excesso de cacau em pó.

8 Armazene em um recipiente hermético até o momento de usar.

Suisse rochers
Estas amêndoas confeitadas datam de centenas de anos e são sempre essenciais em lojas de chocolates artesanais.

Rende cerca de 12 porções

400 g (4 xícaras) de amêndoas fatiadas
160 g (⅔ de xícara generosos) de açúcar refinado extrafino
45 mL (2 colheres de sopa) de água
20 g (1¾ de colher de sopa) de manteiga sem sal
500 g de chocolate meio-amargo ou ao leite fino, temperado (ver p. 18–19)

1 Preaqueça o forno a 180°C e forre 1–2 assadeiras rasas com tapetes de silicone antiaderentes. Espalhe as amêndoas nos tapetes de silicone e toste ligeiramente no forno preaquecido por 10 minutos. Retire do forno e transfira para uma panela de fundo reforçado.

2 Em outra panela, cozinhe o açúcar e a água em fogo médio até atingir cerca de 118°C. Despeje essa calda de açúcar sobre as amêndoas na panela de fundo reforçado.

3 Cozinhe em fogo médio, mexendo sempre, até que uma crosta branca se forme em volta das amêndoas e o açúcar cristalize – isso deve levar cerca de 5–6 minutos.

4 Retire a panela do fogo e misture a manteiga até derreter completamente. Espalhe as amêndoas sobre um tapete de silicone antiaderente e separe todas as oleaginosas. Deixe esfriar e endurecer.

5 Coloque metade das avelãs em uma tigela, adicione aos poucos metade do chocolate temperado, mexendo sempre e certificando-se de que estejam completamente cobertas. Coloque porções de 3 cm nas assadeiras preparadas. Repita com o restante das amêndoas e do chocolate.

104 BARRAS E CONFEITOS

1

5

6

3

4

6

Confit de grapefruit com nibs de cacau

Embora o preparo destes saborosos confits de frutas tome tempo, vale a pena o esforço. Os nibs de cacau adicionam textura e sabor intenso e deixam este confeito apetitoso – por isso, convide muitos amigos para compartilhar.

Rende cerca de 24 unidades

3 grapefruits rosas
375 g (1⅔ de xícara) de açúcar refinado extrafino
500 mL (2 xícaras) de água
1 fava de baunilha, cortada ao meio no sentido do comprimento
500 g de chocolate meio-amargo fino temperado (ver p. 18–19)
60 g de nibs de cacau

1 Marque a parte externa do grapefruit em quartos, e depois descasque cada um deles, delicadamente. Coloque a casca em uma panela e encha com água suficiente apenas para cobri-la. Deixe ferver, escorra e descarte a água. Resfrie as cascas sob água fria. Repita este processo mais quatro vezes.

2 Coloque o açúcar e a água em uma panela. Raspe as sementes de baunilha e coloque, junto com a fava, na panela. Deixe levantar fervura. Adicione as cascas de grapefruit, reduza para fogo baixo e continue a cozinhar por mais 30 minutos. Retire a panela do fogo e deixe esfriar um pouco. Tampe e deixe esfriar completamente, por toda a noite.

3 Leve a panela de volta ao queimador e deixe levantar fervura. Reduza para fogo baixo e cozinhe por mais 2 horas até que o grapefruit esteja macio e caramelizado. Deixe esfriar por toda a noite.

4 Escorra o excesso de calda (ela pode ser guardada e reutilizada) e coloque o confit de grapefruit sobre um aramado. Deixe secar por 3–4 horas.

5 Segure um pedaço de confit de grapefruit por uma de suas extremidades e mergulhe no chocolate temperado até cobrir ¾ de seu tamanho.

6 Deite em um tapete de silicone antiaderente e polvilhe com nibs de cacau. Repita com o restante do confit. Deixe firmar por pelo menos 1 hora em local fresco e seco e depois armazene em um recipiente hermético.

Avelãs caramelizadas cobertas com kinako

As camadas de caramelo, chocolate e kinako proporcionam um toque salgado e enriquecem o sabor.

Rende cerca de 12 porções

400 g (2⅔ de xícaras) de avelãs
125 g (½ xícara generosa) de açúcar refinado extrafino
25 mL (1¼ de colher de sopa) de água
25 g (2 colheres de sopa) de manteiga sem sal
200 g de chocolate meio-amargo fino temperado (ver p. 18–19)
250 g (1⅔ de xícara) de kinako em pó (grãos de soja torrados e moídos)

1 Preaqueça o forno a 180°C. Espalhe as avelãs sobre uma assadeira antiaderente e toste por 10 minutos no forno preaquecido. Retire do forno e transfira para uma panela de fundo reforçado.

2 Em outra panela, cozinhe o açúcar e a água em fogo médio até atingir cerca de 118°C. Despeje essa calda de açúcar sobre as avelãs na panela de fundo reforçado.

3 Cozinhe em fogo médio, mexendo sempre, até que uma crosta branca se forme em volta das avelãs e o açúcar cristalize – isso deve levar cerca de 5–6 minutos.

4 Retire a panela do fogo e misture a manteiga até derreter e incorporar completamente. Espalhe as avelãs sobre um tapete de silicone antiaderente, separando umas das outras de maneira uniforme. Reserve para esfriar e endurecer.

5 Coloque metade das avelãs em uma tigela, adicione aos poucos metade do chocolate temperado, mexendo sempre e certificando-se de que estejam completamente cobertas.

6 Coloque o kinako em pó em um prato raso ou bandeja e, quando o chocolate começar a firmar, passe as oleaginosas no pó até ficarem completamente cobertas. Repita com o resto das avelãs.

7 Deixe firmar por 10 minutos e então passe por uma peneira ou agite para retirar o excesso de kinako em pó.

CEREJAS AU KIRSCH

Este é um verdadeiro clássico e vale a pena o esforço – você terá de ser paciente ao marinar as cerejas, o que levará pelo menos 3 meses. O melhor momento para saboreá-las é quando o fondant começa a quebrar, normalmente cerca de uma semana depois de mergulhar. Bon appétit.

Rende cerca de 30 cerejas

300 g de cerejas com talos
200 mL (¾ de xícara generosos) de *kirsch*
500 g de chocolate meio-amargo fino temperado (ver p. 18–19)
500 g de *fondant*
1 bloco de chocolate meio-amargo, para raspar

1. Lave e seque as cerejas. Despeje em um pote hermético de vidro e encha com o *kirsch*. Coloque um pequeno círculo de folha de silicone ou papel-manteiga na abertura do vidro. Tampe e deixe marinar por 3 meses.

2. Escorra as cerejas e reserve o *kirsch* para usar em outra ocasião – ele pode ser utilizado para deixar o *fondant* mais ralo ou para uma calda. Seque as cerejas com um pano ou papel-toalha.

3. Coloque o chocolate temperado em um saco para confeitar e faça pequenos discos planos sobre um tapete de silicone antiaderente.

4. Em uma panela, aqueça o *fondant* junto com 20 mL (1 colher de sopa) do *kirsch* reservado da marinada até atingir cerca de 55°C.

5. Segure uma cereja pelo talo e mergulhe no *fondant* derretido (será necessário mexer o *fondant* regularmente para evitar a formação de uma crosta).

6. Coloque sobre uma folha de silicone ou papel-manteiga para firmar um pouco e depois sobre um disco de chocolate antes que endureça completamente.

7. Faça raspas de chocolate usando a parte de trás do bloco (ver foto) e coloque em uma bandeja.

8. Segurando novamente pelo talo, mergulhe totalmente as cerejas cobertas de *fondant* no chocolate temperado. Coloque cada uma sobre as raspas para que estas grudem na base das cerejas cobertas com chocolate.

9. Reserve para firmar completamente por pelo menos 1 hora, em local fresco e seco.

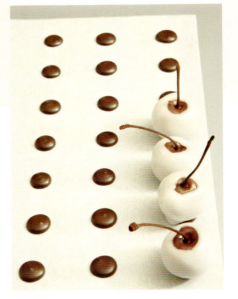

BOUCHÉES 111

TOFFEE DE MEL E AÇÚCAR MASCAVO

Conhecido em inglês como cinder toffee, *este é um dos doces mais simples e divertidos de se preparar em casa. O nome "cinder" (em inglês, "cinzas") vem de seu visual, que é muito parecido ao de um pedaço de carvão apagado.*

Rende cerca de 20–25 unidades grandes

50 mL (3 colheres de sopa) de água
190 g (¾ de xícara generosos) de açúcar refinado extrafino
50 g (¼ de xícara) de açúcar mascavo claro
150 g de glucose líquida
50 g de mel
10 g de bicarbonato de sódio peneirado
500 g de chocolate meio-amargo temperado (ver p. 18–19), para cobrir
500 g de chocolate ao leite fino temperado (ver p. 18–19), para cobrir

1 Forre uma assadeira de silicone quadrada de 20 cm, que tenha pelo menos 6 cm de profundidade, com uma folha de silicone ou papel-manteiga.

2 Em uma panela grande, junte a água, o açúcar, o açúcar mascavo, a glucose e o mel. Aqueça em fogo baixo até dissolver os açúcares e aumente a temperatura e deixe ferver até atingir 144–146°C. Retire a panela do fogo imediatamente.

3 Adicione o bicarbonato de sódio, mexendo ao mesmo tempo. A mistura começará a subir até a borda da panela, quando deve ser despejada na assadeira preparada. Deixe esfriar e firmar em local fresco e seco.

4 Cuidadosamente, quebre o *toffee* em pedaços. Usando um garfo para banhar, cubra cada pedaço com chocolate temperado (alguns no ao leite e outros no meio-amargo). É importante ter certeza de que o caramelo está completamente coberto, pois qualquer área sem cobertura ficará grudenta e mole. Armazene em um recipiente hermético por até 1 mês.

AMANTEIGADOS MILIONÁRIOS

Estas iguarias me trazem boas lembranças, pois minha avó, que era uma excelente cozinheira, costumava fazer bolos e biscoitos para as reuniões de família, e estes amanteigados estavam sempre presentes. De origem escocesa, originalmente são cobertos com chocolate ao leite, mas usamos chocolate meio-amargo para equilibrar a doçura do caramelo.

Rende cerca de 20 amanteigados

½ porção de Caramelo com sal marinho (ver p. 79)
500 g de chocolate meio-amargo fino temperado (ver p. 18–19)
Folha de ouro comestível, para decorar (opcional)

Para os amanteigados
125 g (1 ¼ de tablete) de manteiga sem sal, cortada em cubos e em temperatura ambiente
185 g (1 ¼ de xícara) de farinha de trigo comum
60 g (¼ de xícara) de açúcar refinado extrafino

1 Para preparar os amanteigados, junte a manteiga, a farinha e o açúcar na tigela da batedeira e bata até a mistura ficar homogênea. Retire a massa da tigela e abra até ficar com 12 mm de espessura em uma superfície ligeiramente enfarinhada. Corte em retângulos medindo 7,5 × 2,5 cm e coloque em um molde de silicone para barras de chocolate com 20 cavidades. Outra opção é deixar a massa inteira e despejar em uma assadeira rasa de 25,5 × 30 cm, forrada com uma folha de silicone ou papel-manteiga. Deixe descansar por pelo menos 1 hora na geladeira. Preaqueça o forno a 160°C e asse por 20–25 minutos até dourar ligeiramente. Deixe esfriar.

2 Despeje 20 g (1 colher de sopa) de caramelo com sal marinho sobre a base de cada amanteigado (ou despeje todo sobre a massa na assadeira rasa) e deixe firmar por toda a noite, em local fresco e seco.

3 Para fazer as folhas de chocolate, use chocolate temperado para fazer 20 retângulos medindo 7,5 × 2,5 cm seguindo as técnicas para o preparo da folha de chocolate, na página 157.

4 Para juntar as camadas, retire as fatias de amanteigados e caramelo dos moldes (ou da assadeira e depois corte em retângulos) e coloque uma folha de chocolate temperado sobre cada fatia. Decore com uma folha de ouro, se usar. Armazene em um recipiente hermético, em local fresco e seco, e consuma em 2–3 dias.

ROCHERS DE CHOCOLATE

Rocher significa "rocha" em francês, o que descreve perfeitamente o formato destes doces. Eles são preparados com uma pralina de sabor intenso e cobertos com chocolate ao leite ou meio-amargo.

Rende cerca de 16 unidades

100 g de chocolate ao leite fino (com 32% de sólidos de cacau), bem picado
10 g (2 colheres de chá) de manteiga de cacau
75 g de Pasta pralina (ver p. 158–159)
75 g de biscoitos *feuillantine*
75 g (⅓ de xícara generoso) de amêndoas tostadas, cortadas em tiras
500 g de chocolate fino meio-amargo ou ao leite, temperado (ver p. 18–19), para cobrir

1 Derreta o chocolate ao leite e a manteiga de cacau em banho-maria até atingir 45°C e depois acrescente a pasta pralina. Adicione os biscoitos *feuillantine* e as tiras de amêndoas e misture. Retire do fogo, mas mantenha em banho-maria para que a mistura esfrie lentamente.

2 Coloque colheres grandes, cheias, da mistura sobre uma folha de silicone ou papel-manteiga e deixe firmar por cerca de 2 horas, em local fresco e seco. Cubra os *rochers* com chocolate temperado, meio-amargo ou ao leite, e deixe firmar completamente. Armazene em um recipiente hermético, em local fresco e seco, e consuma em até 2 semanas.

BARRA DE CHOCOLATE E COCO

Depois de me matricular no Glenrothes Technical College, este foi um dos primeiros doces que aprendi com Dave Bryson. Ele era chef executivo em uma famosa confeitaria em Fife, na Escócia, e uma grande inspiração no meu início de carreira.

Rende cerca de 25 barras pequenas

265 mL (1 xícara generosa) de polpa de coco ou leite de coco sem açúcar
60 g de açúcar invertido (ver p. 23)
450 g de chocolate branco fino, bem picado
225 g de coco ralado desidratado, ligeiramente tostado
500 g de chocolate meio-amargo fino temperado (ver p. 18–19), para cobrir

1 Coloque a polpa ou o leite de coco e o açúcar invertido em uma panela e leve ao fogo até levantar fervura. Aos poucos, despeje essa mistura sobre o chocolate branco em uma tigela, mexendo sempre, até obter uma emulsão. Acrescente o coco tostado. Despeje a ganache de coco em uma assadeira funda de 28 × 35 cm forrada com uma folha de silicone ou papel-manteiga. Deixe firmar por toda a noite, em local fresco e seco.

2 Para finalizar, desenforme a ganache e corte em 25 retângulos pequenos (cerca de 7,5 × 2,5 cm, cada), e depois, usando um garfo para mergulhar, cubra com chocolate temperado e decore marcando a superfície com os dentes do garfo. Deixe firmar completamente, em local fresco e seco. Armazene em um recipiente hermético e consuma em até 1 semana.

CARAMELO MOU COM SAL MARINHO

O caramelo mou (ou macio) salgado tem sua origem na Bretanha e é famoso por conter flor de sal e manteiga.

Rende cerca de 15–18 barras pequenas

150 mL (⅔ de xícara) de creme de leite fresco para chantilly
½ fava de baunilha, cortada ao meio no sentido do comprimento
340 g (1½ xícara) de açúcar refinado extrafino
35 g de glucose líquida
140 g (1 ⅓ tablete) de manteiga com sal marinho, cortada em cubos e em temperatura ambiente
500 g de chocolate meio-amargo fino temperado (ver p. 18–19), para cobrir
5 g (1 colher de chá) de sal marinho, para decorar

1 Coloque o creme de leite em uma panela. Raspe as sementes de baunilha e coloque, junto com a fava, na panela. Deixe levantar fervura. Tampe, retire do fogo e deixe em infusão por 10–15 minutos. Descarte a baunilha.

2 Em outra panela aquecida, adicione o açúcar e a glucose aos poucos e cozinhe lentamente até formar um caramelo de cor âmbar, por cerca de 15 minutos.

3 Vagarosamente, acrescente o creme com infusão, misturando bem. Cozinhe o caramelo a 110°C, adicione a manteiga, pedaço por pedaço, e continue a cozinhar até que a mistura atinja 125°C. Despeje em uma assadeira de silicone funda de 25,5 × 30 cm e deixe firmar por toda a noite, em local fresco e seco. Finalize como na receita Barra de Chocolate e Coco (ver receita anterior), cortando em 15–18 barras pequenas e decorando com uma pitada de sal marinho.

CARAMELO MOU COM CHOCOLATE

Um caramelo perfeito deve ser cozido até atingir uma coloração escura, marrom avermelhada, com uma névoa levemente esfumaçada saindo da panela.

Rende cerca de 15–18 barras pequenas

220 mL (1 xícara rasa) de creme de leite fresco para chantilly
½ fava de baunilha, cortada ao meio no sentido do comprimento
290 g (1 ⅓ de xícara) de açúcar refinado extrafino
40 g de glucose líquida
20 g (1 ¾ de colher de sopa) de manteiga sem sal, em cubos
100 g de chocolate meio-amargo fino (com 63% de sólidos de cacau), bem picado
500 g de chocolate meio-amargo fino temperado (ver p. 18–19)
25 g de *nibs* de cacau, bem picados, para decorar

1 Coloque o creme de leite em uma panela. Raspe as sementes de baunilha e coloque, junto com a fava, na panela. Deixe levantar fervura. Tampe, retire do fogo e deixe em infusão por 10–15 minutos. Descarte a baunilha.

2 Em outra panela aquecida, adicione o açúcar e a glucose aos poucos e cozinhe lentamente até formar um caramelo de cor âmbar, por cerca de 15 minutos. Vagarosamente, acrescente o creme, misturando bem. Cozinhe o caramelo a 110°C, adicione a manteiga e continue a cozinhar até que a mistura atinja 125°C. Acrescente o chocolate e misture até derreter. Despeje em uma assadeira de silicone funda de 25,5 × 30 cm e deixe firmar por toda a noite. Finalize como na receita Barra de chocolate e coco (ver receita nesta página), cortando em 15–18 barras pequenas e decorando com uma pitada de *nibs* de cacau picados.

MERENGUE DE CHOCOLATE

Este é um doce bastante simples, preparado de acordo com o tradicional método francês.

Rende cerca de 24 minimerengues

120 g de claras (cerca de 6 ovos)
180 g (¾ de xícara) de açúcar refinado extrafino
60 g (⅓ de xícara generoso) de açúcar de confeiteiro (em pó/puro), peneirado
15 g (1 colher de sopa) de cacau em pó
20 g de *nibs* de cacau, grosseiramente picados
500 g de chocolate meio-amargo temperado (ver p. 18–19), para mergulhar

1 Preaqueça o forno a 110°C e forre uma assadeira rasa com uma folha de silicone ou papel-manteiga. Coloque as claras em uma tigela de batedeira e bata em velocidade baixa, adicionando o açúcar refinado aos poucos e aumentando a velocidade. Continue a bater até o ponto de neve firme. Com cuidado, incorpore o açúcar de confeiteiro e o cacau em pó – não misture demais.

2 Coloque em um saco para confeitar, corte a ponta e faça gotas de 3,5 cm sobre a assadeira. Polvilhe com *nibs* de cacau e asse por hora e meia, baixando a temperatura do forno ao máximo (ou deixando a porta do forno entreaberta) na metade do tempo de cozimento. Deixe esfriar e então mergulhe as bases no chocolate temperado.

BOUCHÉE DE UVAS-PASSAS AO RUM

Ao trabalhar com Marco Pierre White no The Restaurant, costumávamos preparar pequenas versões deste doce para a bandeja de chocolates servidos com o café – era um toque de classe.

Rende 16 *bouchées*

125 g (¾ de xícara) de uvas-passas, lavadas e secas
75 mL (⅓ de xícara raso) de rum escuro
220 mL (1 xícara rasa) de creme de leite fresco para chantilly
30 g de açúcar invertido
500 g de chocolate meio-amargo fino (com 65% de sólidos de cacau), bem picado
40 g (3 colheres de sopa) de manteiga sem sal, cortada em cubos e em temperatura ambiente
500 g de chocolate meio-amargo fino temperado (ver p. 18–19), para cobrir

1 Coloque as uvas-passas em um recipiente hermético e acrescente o rum. Tampe e deixe marinar por toda a noite.

2 Coloque o creme de leite e o açúcar invertido em uma panela, leve ao fogo até ferver, e deixe esfriar até atingir 65–70°C. Derreta o chocolate em banho-maria até cerca de 45°C e, aos poucos, acrescente o creme, mexendo sempre até obter uma emulsão. Coloque a manteiga e misture até ficar homogêneo.

3 Misture metade das uvas-passas demolhadas, sem deixar escorrer, e depois despeje em uma fôrma de silicone rasa de 18 × 18 cm e espalhe o restante das passas na superfície. Deixe firmar em local fresco e seco, de preferência por toda a noite, e depois corte em quadrados de 4 × 4 cm. Mergulhe cada quadrado no chocolate temperado, reserve para firmar completamente, e armazene em um recipiente hermético. Consuma em até 1 semana.

MACARONS DE CHOCOLATE

Apesar de ser considerado um doce francês, a origem dos macarons é muito debatida. Pierre Desfontaines da pâtisserie francesa Ladurée recebe o crédito por ter criado o macaron parisiense – adaptado da receita de gateaux com base de biscoito, que ele transformou em bolinhos de amêndoas unidos como sanduíches e recheados com diversos tipos de ganache.

Rende cerca de 12–14 *macarons*

½ porção de **ganache básica** (ver p. 22–23)

Para os *macarons*
120 g de claras (cerca de 4 ovos)
125 g (1⅔ de xícara) de amêndoas moídas, peneiradas
125 g (¾ de xícara) de açúcar de confeiteiro (em pó/puro), peneirado
25 g (¼ de xícara) de cacau em pó
125 g (½ xícara generosa) de açúcar refinado extrafino

1 Para fazer os *macarons* de chocolate, coloque 60 g de claras em uma tigela junto com as amêndoas moídas, o açúcar de confeiteiro e o cacau em pó, e bata até formar uma pasta.

2 Coloque o restante das claras e o açúcar refinado em outra tigela e bata até obter uma mistura homogênea. Coloque a tigela em banho-maria e bata até que o merengue esteja quente, cerca de 65°C. Transfira para a tigela de uma batedeira (ou continue manualmente) e bata até formar um merengue em ponto de neve firme e até que a mistura esteja em temperatura ambiente. Usando uma espátula, incorpore o merengue na pasta até ficar homogênea.

3 Coloque em um saco para confeitar adaptado com um bico liso de 12 mm e modele gotas de 5 cm de diâmetro (cerca de 24–28 gotas) em uma assadeira rasa forrada com um tapete de silicone antiaderente. Deixe secar por 20–25 minutos. Enquanto isso, preaqueça o forno a 150°C. Asse no forno por 15 minutos. Baixe a temperatura para 140°C e asse por mais 6–8 minutos.

4 Para montar, use a ganache de chocolate meio-amargo para unir as 2 metades do *macaron* e deixe firmar por cerca de 20 minutos. Armazene em local seco e fresco e consuma em até 2-3 dias.

MACARONS DE CAFÉ

Os macarons se tornaram incrivelmente populares nos últimos anos. Pierre Hermé, o famoso pâtissier parisiense, é o Rei dos Macarons e tem estado na vanguarda do sucesso desta iguaria desde que abriu suas lojas na década de 1990.

Rende cerca de 12–14 *macarons*

½ porção de **ganache básica** (ver p. 22–23), mas adicione ao creme de leite ½ colher de chá de grãos de café moídos na hora antes de levantar fervura, deixe em infusão por 15 minutos, coe, adicione o açúcar invertido e ferva novamente, e depois continue seguindo a receita básica

Para os *macarons*
120 g de claras (cerca de 4 ovos)
8 g (1 colher de chá) café liofilizado ou instantâneo
125 g (1⅔ de xícara) de amêndoas moídas, peneiradas
125 g (¾ de xícara) de açúcar de confeiteiro (em pó/puro), peneirado
125 g (½ xícara generosa) de açúcar refinado extrafino

1 Para fazer os *macarons* de café, coloque 60 g das claras e o café em uma tigela por 15 minutos para permitir que o café dissolva. Adicione as amêndoas moídas e o açúcar de confeiteiro e bata até obter uma pasta.

2 Coloque o restante das claras e o açúcar refinado em outra tigela e bata até obter uma mistura homogênea. Coloque a tigela em banho-maria e bata até que o merengue esteja quente, cerca de 65°C. Transfira para a tigela de uma batedeira (ou continue manualmente) e bata até formar um merengue em ponto de neve firme e até que a mistura esteja em temperatura ambiente. Usando uma espátula, incorpore o merengue à pasta de café até ficar homogênea.

3 Coloque em um saco para confeitar adaptado com um bico liso de 12 mm e modele gotas de 5 cm de diâmetro (cerca de 24–28 gotas) em uma assadeira rasa forrada com um tapete de silicone antiaderente. Deixe secar por 20–25 minutos. Enquanto isso, preaqueça o forno a 150°C. Asse no forno por 15 minutos. Baixe a temperatura para 140°C e asse por mais 6–8 minutos.

4 Para montar, use a ganache de chocolate e café para unir as 2 metades do *macaron* e deixe firmar por cerca de 20 minutos. Armazene em local seco e fresco e consuma em até 2-3 dias.

BOLO FEUILLANTINE COM AVELÃS
Um bolinho com centro macio e de sabor amendoado.

Rende 10–12 bolinhos

60 g de chocolate meio-amargo fino (com 63% de sólidos de cacau), bem picado
100 g (1 tablete) de manteiga sem sal, cortada em cubos e amolecida
85 g (⅓ de xícara generosa) de açúcar refinado extrafino
80 g de ovos inteiros (cerca de 1½ ovo)
50 g (⅓ de xícara) de farinha de trigo comum, peneirada
85 g (½ xícara generoso) de avelãs, picadas, e uma quantidade extra para decorar
25 g de biscoitos *feuillantine*
500 g de chocolate ao leite fino temperado (ver p. 18–19), para cobrir

1 Preaqueça o forno a 180°C. Derreta o chocolate em banho-maria. Bata a manteiga em uma tigela até ficar leve e aerada, depois adicione o chocolate derretido e incorpore.

2 Bata o açúcar e os ovos em banho-maria até atingir 50°C. Depois, bata até atingir o ponto de creme (ver p. 218). Junte ao chocolate. Misture a farinha, as avelãs e os biscoitos *feuillantine* e despeje em uma fôrma para *minimuffins* de silicone com 12 cavidades. Asse por 12–15 minutos até que os bolinhos cresçam e voltem à posição inicial quando levemente pressionados. Deixe esfriar. Cubra com o chocolate temperado, decore com a base de um bico para confeitar, polvilhe com as avelãs picadas e deixe firmar. Armazene em um recipiente hermético e consuma em até 1 semana.

DACQUOISE DE CHOCOLATE E PRALINA
Merengue de avelãs recheado com ganache de chocolate e pralina.

Rende 12 porções

½ porção de **ganache básica** (ver p. 22–23), preparada com uma mistura de chocolate meio-amargo e ao leite, finos, e adicionando 175 g de **Pasta pralina** (ver p. 158–159) junto com a manteiga nos passos finais

Para o merengue de avelãs
150 g (1 xícara rasa) de açúcar de confeiteiro (em pó/puro), peneirado
75 g (1 xícara) de amêndoas moídas
75 g (1 xícara) de avelãs moídas
45 g (⅓ de xícara) de farinha de trigo comum, peneirada
225 g de claras (cerca de 7½ ovos)
90 g (⅓ de xícara) de açúcar refinado extrafino
75 g (¾ de xícara) de amêndoas em flocos

1 Preaqueça o forno a 160°C, forre uma assadeira rasa com um tapete de silicone antiaderente e unte ligeiramente seis anéis de metal ou cortadores de biscoito de 6 cm. Para fazer o merengue de avelãs, junte o açúcar de confeiteiro, a farinha e as amêndoas e avelãs moídas em uma tigela.

2 Em uma batedeira, bata as claras lentamente, adicione o açúcar refinado aos poucos e aumente a velocidade. Bata até que o merengue esteja em ponto de neve firme. Aos poucos, adicione os ingredientes secos. Coloque em um saco para confeitar, corte a ponta e esprema o merengue para dentro dos anéis. Nivele com uma espátula antes de remover os anéis e repetir o processo até obter 24 discos de merengue. Polvilhe com as amêndoas em flocos e salpique levemente com o açúcar de confeiteiro. Asse por 20–25 minutos e reserve para esfriar.

3 Para montar a *dacquoise*, coloque a ganache em um saco para confeitar, corte a ponta e faça espirais sobre metade dos discos de merengue. Cubra cada espiral com outro disco de merengue. Melhor quando consumidos no mesmo dia do preparo.

CROCANTES DE CHOCOLATE

Esta é uma receita simples, com três elementos que criam contrastes de textura fantásticos.

Rende cerca de 20–25 crocantes

Para a massa *sablé*

195 g (2 tabletes) de manteiga sem sal, cortada em cubos e amolecida

100 g (⅔ de xícara) de açúcar de confeiteiro (em pó/puro), peneirado

100 g (1¼ de xícara) de amêndoas moídas

165 g (1 xícara generosa) de farinha de trigo comum, peneirada

1 g (uma pitada) de sal

Para os biscoitos crocantes

60 g (5 colheres de sopa) de manteiga sem sal

7 g (1 colher de chá) de glucose líquida

75 g (⅓ de xícara) de açúcar refinado extrafino

75 g de *nibs* de cacau

10 g de pistache picado

Para a ganache de pistache

300 mL (1¼ de xícara) de creme de leite fresco para chantilly

30 g de **pasta de pistache** (ver p. 52)

250 g de chocolate meio-amargo fino (com 63% de sólidos de cacau), bem picado

20 g (1¾ de colher de sopa) de manteiga sem sal

1 Para fazer a massa, misture a manteiga e o açúcar de confeiteiro até obter uma mistura leve e cremosa. Adicione as amêndoas, a farinha e o sal e mexa até ficar homogênea. Coloque em uma assadeira enfarinhada, envolva com filme plástico e deixe resfriar por 1 hora.

2 A massa estará bastante mole, por isso abra entre duas folhas de silicone ou papel-manteiga e deixe resfriar por 20 minutos. Enquanto isso, preaqueça o forno a 160°C, forre uma assadeira rasa com uma folha de silicone ou papel-manteiga e unte cinco anéis de metal de 5 cm. Use um cortador de 5 cm para fazer cinco círculos de massa e coloque dentro dos anéis na assadeira. Asse por cerca de 15 minutos (retirando os anéis na metade do cozimento) até dourar. Repita o processo até fazer cerca de 20-25 círculos. Deixe esfriar. Aumente a temperatura do forno para 180°C.

3 Para fazer os biscoitos, derreta a manteiga em uma panela em fogo baixo e adicione a glucose e o açúcar. Mexa até incorporar bem e depois retire do fogo – cuidado para não mexer excessivamente. Acrescente os *nibs* e o pistache. Faça gotas de 2 cm sobre uma assadeira rasa forrada com folha de silicone ou papel-manteiga, deixando um espaço de 5 cm entre elas para permitir que os biscoitos cresçam. Asse por cerca de 10 minutos até dourar. Deixe esfriar ligeiramente, depois use um cortador redondo de 5 cm para fazer 20–25 círculos com os biscoitos. Use imediatamente ou armazene em um recipiente hermético.

4 Para fazer a ganache, coloque o creme de leite e a pasta de pistache em uma panela, leve ao fogo até levantar fervura e, aos poucos, despeje sobre o chocolate picado em uma tigela, misturando até obter uma emulsão. Coloque a manteiga e misture até ficar homogênea. Deixe firmar por cerca de 1 hora.

5 Para montar, coloque a ganache em um saco para confeitar adaptado com um bico liso de 8 mm e modele 7 gotas em cada base e cubra com um biscoito. Melhor quando consumidos no mesmo dia do preparo.

TEACAKES DE CASSIS

Teacakes podem ser muito doces – nesta receita usamos o cassis para equilibrar os sabores.

Rende cerca de 20–25 *teacakes*

500 g de chocolate meio-amargo fino temperado (ver p. 18–19), para cobrir
1 colher de sopa de cassis em pó, para decorar

Para o purê de cassis
50 mL (3 colheres de sopa) de água
50 g de açúcar refinado extrafino
500 g de cassis, lavados e sem os talos
10 mL (¾ de colher de sopa) de suco de limão-siciliano

Para a geleia de cassis
250 g de cassis, lavados e sem os talos
250 g de purê de cassis (ver acima)
200 g (1 xícara rasa) de açúcar gelificante
15 mL (1 colher de sopa) de suco de limão-siciliano

Para a massa doce amanteigada
175 g (1¾ de tablete) de manteiga sem sal, cortada em cubos
250 g (1⅔ de xícara) de farinha de trigo comum, peneirada
90 g (½ xícara generosa) de açúcar de confeiteiro (em pó/puro)
Uma pitada de sal
40 g de gemas (cerca de 2 ovos)

Para o *marshmallow*
9 g de gelatina em folha
100 g de purê de cassis (ver acima)
40 g de claras (cerca de 2 ovos)
225 g (1 xícara) de açúcar refinado extrafino
55 mL de água
40 g de glucose líquida

> **Nota:**
> • Prepare o purê, a geleia e a massa com antecedência e armazene em recipientes herméticos até o momento de usar.
> • Se preferir utilizar a geleia de cassis industrializada, calcule 10 g para cada *teacake*.

Primeiro, prepare o purê de cassis:

1 Coloque a água e o açúcar em uma panela, leve ao fogo até ferver e deixe esfriar. Coloque o cassis em um processador e adicione a calda de açúcar e o suco de limão. Bata até obter um purê homogêneo e então passe por uma peneira fina. Armazene em um recipiente hermético na geladeira até o momento de usar.

Em segundo lugar, prepare a geleia de cassis:

2 Coloque o cassis, o purê e o açúcar em uma panela grande e leve ao fogo até ferver. Continue a cozinhar lentamente, em fogo brando, mexendo sempre. Depois de cerca de 5 minutos, verifique se a geleia atingiu o ponto; retire do fogo, coloque uma pequena quantidade em um prato frio e deixe esfriar. Se estiver pronta, a superfície irá rachar quando pressionada, caso contrário, continue a cozinhar, mexendo sempre. Quando a geleia atingir o ponto ideal, misture o suco de limão enquanto ainda estiver no fogo e deixe esfriar.

Em seguida, prepare a massa doce amanteigada:

3 Esfarele a manteiga e a farinha em uma tigela grande usando as mãos até não haver mais grumos. Acrescente o açúcar de confeiteiro e o sal e, aos poucos, junte os ovos até formar a massa. Enrole a massa formando uma bola, envolva com filme plástico e deixe descansar na geladeira por pelo menos 1 hora.

4 Forre uma assadeira rasa com um tapete de silicone antiaderente. Abra a massa até ficar com 4 mm de espessura e use um cortador redondo de 5 cm para fazer 20–25 círculos. Coloque em uma assadeira e deixe descansar por 30 minutos na geladeira. Preaqueça o forno a 180°C e asse por 15–18 minutos até dourar. Deixe esfriar.

Agora, o *marshmallow*:

5 Demolhe a gelatina em água suficiente apenas para cobrir, por alguns minutos, até amolecer, e então escorra. Coloque o purê de cassis em uma panela e leve ao fogo até levantar fervura. Adicione a gelatina escorrida, mexa e passe por uma peneira fina.

6 Coloque as claras na tigela de uma batedeira e comece a bater em velocidade baixa. Em outra panela, ferva o açúcar e a água, acrescente a glucose líquida e cozinhe até atingir 121°C. Aos poucos, junte às claras, sem parar de bater. Depois que todo o açúcar estiver incorporado, continue a misturar por mais 3–4 minutos. Reaqueça a mistura de purê de cassis e gelatina e, aos poucos, junte ao merengue. Continue a bater até que o merengue atinja o ponto de neve firme e esfrie.

Para montar e finalizar o *teacake*:

7 Coloque os discos de massa doce em uma assadeira rasa antiaderente. Coloque a geleia de cassis em um saco para confeitar adaptado com um bico liso de 12 mm. Faça uma gota generosa de geleia sobre o centro de cada disco. Coloque o *marshmallow* em outro saco para confeitar adaptado com um bico liso de 15 mm e faça uma gota grande sobre a geleia. Deixe os *teacakes*, parcialmente prontos, firmarem por cerca de 2 horas em local fresco e seco.

8 Usando um garfo para banhar, mergulhe cada *teacake* no chocolate temperado, com a parte esponjosa para baixo, assegurando-se de que esteja uniformemente coberto. Polvilhe com um pouco de cassis em pó e deixe firmar em local fresco e seco. Armazene em um recipiente hermético e consuma em até 1 semana.

TEACAKES DE LARANJA

Estes bolinhos são pura nostalgia – eles são um tributo às lembranças da minha infância. Adicionamos uma ganache de laranja para dar mais profundidade ao sabor deste clássico, e também preparamos nossa própria geleia, pois adoro deixar alguns pedaços de laranja.

Rende cerca de 25 *teacakes*

25 discos de chocolate medindo 4,5 cm, preparados usando as técnicas para o preparo da folha de chocolate (ver p. 157)

500 g de chocolate meio-amargo fino temperado (ver p. 18–19), para cobrir

Para a geleia de laranja

4 laranjas-de-sevilha (pesando cerca de 450 g no total)

1 limão-siciliano

1 litro (4 xícaras) de água

800 g (4 ⅓ de xícaras) de açúcar refinado extrafino

50 g (¼ de xícara) de açúcar mascavo escuro

Para o pó de laranja

Raspas finas de 1 laranja

Para o pão de ló (*génoise*)

90 g de claras (cerca de 3 ovos)

90 g (⅓ de xícara) de açúcar refinado extrafino

100 g de gemas (cerca de 5 ovos)

90 g (⅔ de xícara rasos) de farinha de trigo comum

Para a ganache de laranja

500 ml (2 xícaras) de suco de laranja

½ fava de baunilha, cortada ao meio no sentido do comprimento

225 g de chocolate meio-amargo fino (com 66% de sólidos de cacau), bem picado

---

Notas:
- Prepare a geleia, o pó de laranja e o pão de ló com antecedência e armazene em recipientes herméticos até o momento de usar. O pão de ló também pode ser congelado.
- Se preferir utilizar a geleia de laranja industrializada, calcule 10 g para cada *teacake*.
- A ganache deve ser preparada pouco antes da montagem dos *teacakes*.

Primeiro, prepare a geleia de laranja:

1 Retire as cascas da laranja em tiras longas, usando um descascador. Apare qualquer sobra de albedo (parte branca) da casca, faça fatias finas e coloque em um saco de musselina. Fatie a polpa das laranjas e do limão e coloque em uma panela grande. Adicione a água, os açúcares e o saco com a casca de laranja. Cozinhe lentamente em fogo baixo, sem tampar, por cerca de 2 horas até que esteja tenra. Retire o saco e reserve para escorrer.

2 Forre um escorredor com camadas de musselina e coloque sobre uma tigela. Despeje o conteúdo da panela e deixe escorrer por cerca de 30 minutos. Esprema todo o líquido, coloque de volta na panela junto com as cascas que estavam no saco. Leve ao fogo, deixe ferver e cozinhe por 5 minutos até atingir 104°C, mexendo frequentemente. Para testar se a geleia está no ponto, coloque uma pequena porção em um prato frio e deixe esfriar. Se firmar, retire a geleia do fogo e deixe esfriar. Caso contrário, repita o teste depois de mais alguns minutos.

Em segundo lugar, prepare o pó de *laranja*:

3 Preaqueça o forno a 110°C. Coloque as raspas de laranja em uma assadeira rasa, forrada com um tapete de silicone antiaderente, e leve ao forno por 1–2 horas para secar. Deixe esfriar e armazene em um recipiente hermético.

Em terceiro lugar, prepare o pão de ló (*génoise*):

4 Coloque as claras na tigela de uma batedeira e bata até o ponto de neve firme. Aos poucos, adicione o açúcar sem parar de bater. Aumente lentamente a velocidade até atingir o ponto de neve mole. Continue a bater e gradualmente adicione as gemas.

5 Com cuidado, incorpore a farinha e espalhe a mistura em uma assadeira funda de 25,5 × 30 cm forrada com um tapete de silicone antiaderente. Asse por 18–20 minutos, ou até que o pão de ló volte à posição normal quando pressionado. Deixe esfriar e armazene em um recipiente hermético até o momento de usar.

No dia seguinte, prepare a ganache de laranja:

6 Coloque o suco de laranja em uma panela. Raspe as sementes de baunilha e coloque, junto com a fava, na panela. Deixe levantar fervura. Ferva, sem tampar, até reduzir a 200 mL (¾ de xícara generosos). Passe por uma peneira sobre uma tigela contendo o chocolate (remova e descarte a baunilha). Mexa para formar uma emulsão homogênea. Deixe firmar.

Para montar (ver página ao lado):

7 Faça discos de 5 cm de diâmetro no pão de ló e coloque numa bandeja. Serão necessários cerca de 25.

8 Coloque a ganache em um saco para confeitar adaptado com um bico liso de 8 mm. Confeite um anel de ganache em torno das bordas de cada bolo e depois coloque a geleia no centro. Feche usando um disco de chocolate sobre cada bolinho.

9 Usando um garfo para banhar, mergulhe cada *teacake* no chocolate temperado, com a parte esponjosa para baixo, assegurando-se de que esteja uniformemente coberto. Decore marcando com o garfo e polvilhe com um pouco de pó de laranja. Deixe firmar, em local fresco e seco. Armazene em um recipiente hermético e consuma em até 1 semana.

BOLOS e BISCOITOS

MADELEINES DE CHOCOLATE

Quando eu trabalhava para Marco, costumávamos assar estas pequenas iguarias francesas somente depois do pedido, pois elas são mais saborosas se consumidas o mais frescas possível.

Rende cerca de 20 *madeleines*

15 g de chocolate meio-amargo fino (com 70% de sólidos de cacau), grosseiramente picado
115 g (1 tablete mais 1 colher de sopa) de manteiga sem sal, e uma quantidade extra, amolecida, para untar a fôrma
115 g (¾ de xícara) de farinha de trigo comum, e uma quantidade extra para enfarinhar a fôrma
20 g (1 colher de sopa) de cacau em pó
3 g (½ colher de chá) de fermento químico
135 g (⅔ de xícara rasos) de açúcar refinado extrafino
175 g de gemas (cerca de 9 ovos), batidos

1 Unte e enfarinhe ligeiramente uma fôrma para *madeleines* com 12 cavidades. Derreta o chocolate em banho-maria até atingir 45°C e deixe esfriar. Derreta a manteiga em uma panela e reserve para esfriar. Peneire a farinha, o cacau e o fermento em uma tigela e depois acrescente o açúcar. Junte os ingredientes secos às gemas batidas em uma tigela grande e misture com uma colher de pau até ficar homogêneo. Aos poucos, acrescente a manteiga derretida, sem deixar que entre ar na mistura. Então, adicione o chocolate derretido. Cubra a tigela com filme plástico e deixe descansar por pelo menos 30 minutos, em local fresco.

2 Quando estiver pronto para assar as *madeleines*, preaqueça o forno a 200°C. Coloque a mistura nas fôrmas preparadas e asse no forno preaquecido por cerca de 12–15 minutos até que cresçam e voltem à posição inicial quando levemente pressionadas. Repita o processo com o restante da mistura. Desenforme e deixe esfriar sobre um aramado. Melhor se consumido imediatamente.

Nota: Você irá precisar de uma fôrma para *madeleines* com 12 cavidades.

MOLLEAUX AU CHOCOLAT

Este é um bolo de chocolate úmido e macio, que é uma sobremesa por si só, mas que também é delicioso servido com framboesas ou cerejas frescas.

Rende 8–10 bolinhos

85 g (½ xícara generosa) de farinha de trigo comum, peneirada
3 g (½ colher de chá) de fermento químico
100 g de chocolate meio-amargo fino (com 63% de sólidos de cacau), grosseiramente picado
100 g (1 tablete) de manteiga sem sal
75 g (⅓ de xícara) de açúcar refinado extrafino
100 g de ovos inteiros (cerca de 2 ovos)
15 g de *nibs* de cacau

1 Preaqueça o forno a 180°C. Forre de 8–10 cavidades das fôrmas com quadrados de 12 cm de papel-manteiga.

2 Peneire a farinha e o fermento em uma tigela. Derreta o chocolate em banho-maria até atingir 45°C. Coloque a manteiga e o açúcar em uma tigela e bata, com uma batedeira ou manualmente, até que a mistura fique leve e aerada. Adicione o chocolate derretido e misture até ficar homogêneo. Aos poucos, adicione os ovos até incorporar completamente. Acrescente a farinha e o fermento.

3 Coloque a mistura nas fôrmas, polvilhe livremente com *nibs* de cacau e asse no forno preaquecido por 16–18 minutos, até que cresçam e voltem à posição inicial quando levemente pressionados. Deixe esfriar antes de desenformar, mas mantenha o papel-manteiga em volta de cada bolinho.

Nota: Você irá precisar de duas fôrmas de silicone para *muffins* com 6 cavidades.

BOLO DE CHOCOLATE E FIGO

A combinação de figos e chocolate é pouco explorada, embora seja sempre tão bem-sucedida. Estes bolinhos têm sabor intenso e marcante e os figos dão um belo toque de textura.

Rende cerca de 20 bolinhos

Para os figos
200 mL (¾ de xícara generosos) de vinho tinto
40 g de açúcar refinado extrafino
Uma pitada de noz-moscada ralada
1 pau de canela
½ fava de baunilha, cortada ao meio no sentido do comprimento
200 g de figos semidesidratados, sem os talos e cortados em cubos de 1 cm

Para o bolo
155 g de chocolate meio-amargo fino (com 70% de sólidos de cacau), bem picado
65 g (½ xícara rasa) de farinha de trigo comum
80 g (¾ de xícara) de cacau em pó
3 g (½ colher de chá) de fermento químico
150 g (1½ tablete) de manteiga sem sal, amolecida, e uma quantidade extra, derretida, para untar as fôrmas
215 g (1 xícara rasa) de açúcar refinado extrafino
310 g de ovos (cerca de 6 ovos)
30 g de mel
120 mL (½ xícara) de creme de leite fresco para chantilly

Para decorar
100 g de figos semidesidratados, sem os talos e cortados em cubos de 1 cm
25 g de avelãs picadas

1 Para fazer os figos, coloque o vinho tinto, o açúcar, a noz-moscada e a canela em uma panela. Raspe as sementes de baunilha e coloque, junto com a fava, na panela. Deixe levantar fervura. Adicione os figos e cozinhe, em fogo brando, por 4–5 minutos e depois reserve para esfriar. Tampe e deixe marinar na geladeira por toda a noite.

2 Unte com manteiga derretida uma fôrma de silicone com 25 cavidades. Preaqueça o forno a 180°C. Escorra o excesso de líquido (e a canela e a baunilha) dos figos e reserve. As sobras do líquido podem ser usadas para cozinhar outras frutas, basta retirar a canela e a baunilha. Derreta o chocolate em banho-maria até atingir 45°C. Peneire a farinha, o cacau em pó e o fermento em uma tigela. Coloque a manteiga e o açúcar na tigela de uma batedeira e bata até obter um creme leve e aerado. Aos poucos, adicione os ovos e o mel e depois acrescente o chocolate derretido e bata até ficar homogêneo. Como alternativa, pode-se misturar manualmente em uma tigela grande.

3 Aqueça o creme de leite até atingir cerca de 45°C e acrescente à mistura de bolo; então junte os figos demolhados e os ingredientes secos. Coloque nas forminhas preparadas até completar três quartos e decore com os figos e avelãs picados.

4 Asse no forno preaquecido por 18–20 minutos até que os bolinhos cresçam e voltem à posição inicial quando levemente pressionados. Deixe esfriar antes de desenformar.

Nota: Você irá precisar de uma fôrma de silicone com 25 cavidades, cada uma medindo 8 × 3 × 3 cm.

BOLO DE CHOCOLATE E PISTACHE

Chocolate e pistache são uma ótima combinação e os nibs de cacau dão um toque crocante fantástico à crosta, deixando o interior do bolo úmido e macio.

Rende 2 bolos de 500 g

Para o *confit* de damasco

100 g de damascos desidratados macios, picados em pedaços de 5 mm

100 mL (⅓ de xícara generoso) de suco de laranja

10 mL (2 colheres de sopa) de *kirsch*

Para a massa do bolo de chocolate

250 g de chocolate meio-amargo fino (com 66% de sólidos de cacau), bem picado

250 g (2½ tabletes) de manteiga sem sal, amolecida, e uma quantidade extra para untar as fôrmas

30 g de *nibs* de cacau, picados

175 g (¾ de xícara) de açúcar refinado extrafino

200 g de ovos inteiros (cerca de 4 ovos), batidos

75 g (½ xícara) de farinha de trigo comum, peneirada

Para a massa do bolo de pistache

60 g (5 colheres de sopa) de manteiga sem sal

25 g de farinha de trigo comum

25 g de amido de milho

100 g de **pasta de pistache** (ver p. 52)

100 g (⅔ de xícara) de açúcar de confeiteiro (em pó/puro)

140 g de ovos inteiros (cerca de 3 ovos)

10 mL (2 colheres de chá) de *kirsch*

---

1 Para o *confit* de damasco, coloque os damascos e o suco de laranja em uma panela e leve ao fogo até levantar fervura. Retire do fogo e deixe esfriar completamente. Adicione o *kirsch*, cubra e deixe demolhar por toda a noite na geladeira.

2 Preaqueça o forno a 180°C. Unte duas fôrmas para bolo inglês de 18 × 8 cm com a manteiga amolecida e polvilhe os lados com os *nibs* de cacau.

3 Para fazer a massa do bolo de chocolate, derreta o chocolate em banho-maria até atingir 45°C. Junte a manteiga e o açúcar em uma tigela e bata até obter uma mistura leve e cremosa. Coloque o chocolate derretido e misture até ficar homogêneo. Aos poucos, adicione os ovos até incorporar completamente. Acrescente a farinha.

4 Para fazer a massa do bolo de pistache, derreta a manteiga em uma panela e deixe esfriar até atingir 39°C. Peneire a farinha e o amido em uma tigela. Coloque a pasta de pistache, o açúcar de confeiteiro e os ovos na tigela de uma batedeira e bata por 5 minutos até ficar leve e aerado (ou misture manualmente em uma tigela grande). Acrescente a farinha e o amido e, antes que estejam completamente incorporados, junte uma pequena quantidade dessa mistura com a manteiga derretida em outra tigela. Misture bem. Despeje de volta e acrescente o *kirsch*.

5 Coloque 300 g da massa para o bolo de chocolate em cada fôrma e use uma espátula para espalhar a mistura por toda a fôrma, inclusive as laterais. Cubra a parte do centro, no fundo da fôrma, com 100 g de *confit* de damasco e sobreponha com 175 g da mistura para bolo de pistache. Repita o processo usando a outra fôrma. Nivele e divida o restante da mistura para bolo de chocolate entre as duas fôrmas.

6 Asse em forno preaquecido por 30–35 minutos até que o bolo volte à posição inicial quando levemente pressionado no centro. Deixe esfriar um pouco, desenforme e permita que esfrie completamente. Sirva em fatias.

Nota: Você irá precisar de duas fôrmas para bolo inglês de 18 × 8 cm.

BOLO DE PASSAS AO RUM

Este é um bolo bem fácil de fazer, além de ser perfeito para um lanchinho no meio da tarde. O segredo é garantir que as uvas-passas permaneçam na marinada por 24 horas antes de serem usadas.

Rende cerca de 20 bolinhos

100 g (⅔ de xícara rasos) de uvas-passas

45 mL (3 colheres de sopa) de rum escuro

100 g de chocolate meio-amargo fino (com 65% de sólidos de cacau), bem picado

120 g (1 ¼ de tablete) de manteiga sem sal, cortada em cubos e amolecida

60 g de gemas (cerca de 3 ovos)

65 g (½ xícara rasa) de farinha de trigo comum, peneirada

90 g de claras (cerca de 3 ovos)

100 g (½ xícara rasa) de açúcar refinado extrafino

1 Lave as passas em água morna (isso fará com que elas se abram um pouco e possam absorver o rum). Em uma tigela, junte as passas e o rum, tampe e deixe demolhar por toda a noite.

2 Preaqueça o forno a 180°C. Derreta o chocolate em banho-maria até atingir 45°C. Coloque a manteiga em uma tigela e bata até ficar leve e aerada. Adicione o chocolate derretido e bata até ficar homogêneo, então, aos poucos, junte as gemas seguidas pela farinha, as passas e o rum.

3 Em outra tigela, bata lentamente as claras até o ponto de neve firme. Aos poucos, adicione o açúcar sem parar de bater. Vagarosamente, aumente a velocidade até atingir ponto de neve mole. Junte um terço do merengue à mistura de chocolate, mexa até ficar homogêneo e acrescente o restante.

4 Coloque a mistura em uma fôrma de silicone para *minimuffins* com 24 cavidades até preencher três quartos. Asse no forno preaquecido por cerca de 12–15 minutos até que os bolinhos cresçam e fiquem com o centro fofo, de modo que volte à posição inicial quando levemente pressionado. Deixe esfriar antes de desenformar.

Nota: Você irá precisar de uma fôrma de silicone para *minimuffins* com 24 cavidades.

BROWNIES DE CASTANHA E GERGELIM

Um toque japonês em uma iguaria clássica. O sabor delicado da castanha complementa o do chocolate, enquanto o gergelim acrescenta uma incrível textura amendoada.

Rende cerca de 12 *brownies*

70 g de sementes de gergelim branco
170 g de chocolate meio-amargo fino (com 70% de sólidos de cacau), bem picado
220 g (2¼ tabletes) de manteiga sem sal, cortada em cubos e amolecida
300 g (1⅓ de xícara) de açúcar refinado extrafino
200 g de ovos inteiros (cerca de 4 ovos)
1 g (¼ de colher de chá) de sal
80 g (½ xícara) de farinha de trigo comum, peneirada
120 g de castanha-portuguesa em calda, grosseiramente picadas

1 Preaqueça o forno a 180°C. Forre uma assadeira funda de 28 × 22 × 4 cm com uma folha de silicone ou papel-manteiga. Coloque as sementes de gergelim em uma frigideira e torre ligeiramente em fogo médio, mexendo sempre.

2 Derreta o chocolate em banho-maria até atingir 45°C. Coloque a manteiga e o açúcar em uma tigela e bata até obter uma mistura leve e aerada. Aos poucos, acrescente os ovos e o sal, e bata até incorporar completamente.

3 Acrescente o chocolate derretido e misture até ficar homogêneo. Adicione a farinha, as castanhas e metade do gergelim torrado e despeje a mistura na assadeira preparada. Polvilhe com o restante do gergelim.

4 Asse por cerca de 30 minutos até que se forme uma crosta e a parte central fique ligeiramente fofa. Deixe esfriar e corte em quadrados.

Nota: Você irá precisar de uma assadeira funda de 28 × 22 × 4 cm.

SABLÉS FLORENTINE

Esta iguaria tem sido por muito tempo uma grande favorita em nossa loja de Richmond. A base de biscoito sablé dá outra dimensão à florentine, e os nibs de cacau equilibram a doçura do caramelo.

Rende cerca de 16 *florentines*

Para a base *sablé* **de chocolate**
250 g (1⅔ de xícara) de farinha de trigo comum
50 g (½ xícara) de cacau em pó
185 g (1¾ de tablete) de manteiga sem sal, cortada em cubos e amolecida
140 g (¾ de xícara generosos) de açúcar de confeiteiro (em pó/puro)
25 g de ovos inteiros (cerca de ½ de um ovo)
20 g (¼ de xícara generoso) de amêndoas moídas

Para a cobertura
20 mL (1½ colher de sopa) de creme de leite fresco para chantilly
65 g (5 colheres de sopa) de manteiga sem sal, amolecida
65 g (⅓ de xícara raso) de açúcar refinado extrafino
65 g de glucose líquida
80 g de amêndoas em flocos
50 g de *nibs* de cacau

Nota: Você irá precisar de um aro retangular para torta de 11 × 35 cm.

1 Para fazer a base *sablé* de chocolate, forre uma assadeira rasa com um tapete de silicone antiaderente. Peneire a farinha e o cacau em uma tigela. Coloque a manteiga e o açúcar em outra tigela e bata até obter um creme leve e aerado.

2 Gradualmente, acrescente o ovo e depois incorpore os ingredientes secos. Não bata em excesso. Enrole a massa formando uma bola, coloque sobre uma assadeira rasa enfarinhada, envolva frouxamente com filme plástico e deixe resfriar por 30 minutos.

3 Sobre uma superfície enfarinhada, abra a massa fazendo um retângulo de 11 × 35 cm que tenha 1 cm de espessura. Fure ligeiramente com um garfo, fazendo pequenos buracos na massa para permitir que o vapor saia durante o cozimento – isso faz com que a massa se mantenha plana e uniforme. Com cuidado, transfira para uma assadeira rasa forrada com uma folha de silicone ou papel-manteiga e firme com um aro retangular de 11 × 35 cm. Deixe resfriar por, pelo menos, 30 minutos na geladeira.

4 Preaqueça o forno a 180°C. Para fazer a cobertura, coloque o creme de leite, a manteiga, o açúcar e a glucose em uma panela e leve ao fogo até levantar fervura. Retire do fogo e adicione as amêndoas e os *nibs* de cacau.

5 Asse a base *sablé* de chocolate no forno por cerca de 20 minutos. Retire do forno, cubra com a mistura para cobertura e espalhe uniformemente. Aumente a temperatura para 200°C e asse por mais 10 minutos até dourar. Deixe esfriar parcialmente, retire o aro e corte em quadrados de 5,5 cm.

FINANCIER DE CHOCOLATE COM GANACHE DE YUZU

Adicionei a suave ganache de yuzu (fruta cítrica japonesa) no centro dos nossos financiers de chocolate, a fim de torná-los ainda mais irresistíveis. Se não for possível encontrar raspas de yuzu frescas, você pode substituí-las pelas de outra fruta cítrica.

Rende cerca de 12 bolinhos

Para os *financiers* de chocolate

220 g (2¼ tabletes) de manteiga sem sal

20 g de chocolate meio-amargo fino (com 66% de sólidos de cacau), bem picado

250 g (1½ xícara) de açúcar de confeiteiro (em pó/puro)

20 g (1 colher de sopa) de cacau em pó

80 g (½ xícara) de farinha de trigo comum

120 g (1½ xícara) de amêndoas moídas

240 g de claras (cerca de 8 ovos)

25 g de geleia de laranja (ver p. 126)

Para a ganache de *yuzu*

110 mL (½ xícara) de creme de leite fresco para chantilly

2 g (½ colher de chá) de raspas de *yuzu* (fruta cítrica japonesa)

125 g de chocolate meio-amargo fino (com 66% de sólidos de cacau), bem picado

15 g de manteiga sem sal

Folha de ouro comestível, para decorar (opcional)

> **Nota:** Você irá precisar de uma fôrma de silicone para *financier* com 12 cavidades ovais.

1 Preaqueça o forno a 180°C. Para fazer os *financiers* de chocolate, coloque a manteiga para ferver em uma panela, em fogo baixo, mexendo ocasionalmente. Mantenha no fogo até que a manteiga escureça (cerca de 15 minutos), retire do fogo e deixe esfriar por cerca de 45 minutos. Enquanto isso, derreta o chocolate em banho-maria até atingir 45°C.

2 Peneire o açúcar de confeiteiro, o cacau em pó e a farinha em uma tigela e adicione as amêndoas e as claras. Acrescente a manteiga e o chocolate derretidos, a geleia, e bata até a mistura ficar homogênea.

3 Usando um saco de confeitar ou uma colher, coloque a mistura em uma fôrma de silicone com cavidades de formato oval, deixando um pequeno espaço no centro de cada uma, e asse no forno preaquecido por cerca de 15–18 minutos até que cresçam e fiquem firmes. Deixe esfriar antes de desenformar.

4 Para fazer a ganache de *yuzu*, coloque o creme de leite e as raspas de *yuzu* em uma panela e leve ao fogo até levantar fervura. Retire do fogo e deixe esfriar até atingir 70°C. Derreta o chocolate em banho-maria até atingir 45°C e, aos poucos, adicione o creme de leite frio. Continue a mexer até obter uma emulsão. Acrescente a manteiga e continue a misturar até incorporar completamente.

5 Pressione a ganache no centro do *financier*. Decore com uma folha de ouro (se usar) e deixe firmar.

BOLOS E BISCOITOS 143

BOLO DE CHOCOLATE

Esta receita é preparada com chocolate meio-amargo, e não cacau em pó, o que deixa a massa mais úmida.

Rende 2 bolos de 500 g

200 g de chocolate meio-amargo fino (com 70% de sólidos de cacau), picado
180 g (1¾ de tablete) de manteiga sem sal, cortada em cubos, e uma quantidade extra, amolecida, para untar as fôrmas
125 g de gemas (cerca de 6 ovos)
200 g de claras (cerca de 7 ovos)
225 g (1 xícara) de açúcar refinado extrafino
Uma pitada de sal
100 g (⅔ de xícara) de farinha de trigo comum, peneirada
75 g (1 xícara) de amêndoas moídas

1 Preaqueça o forno a 180°C. Unte ligeiramente as fôrmas com manteiga e forre as bases com uma folha de silicone ou papel-manteiga. Derreta o chocolate em banho-maria até atingir 45°C. Adicione a manteiga ao chocolate e deixe que derreta. Misture até que a manteiga esteja completamente incorporada.

2 Em outra tigela, bata as gemas e metade do açúcar manualmente até obter uma mistura leve e homogênea. Em outra tigela, bata as claras e o restante do açúcar até obter um merengue em ponto de neve mole. Junte a mistura de gemas ao chocolate derretido e acrescente a farinha e as amêndoas moídas. Então, incorpore ao merengue em dois estágios.

3 Despeje a mistura nas fôrmas e asse no forno preaquecido. Depois de 10 minutos, quando uma crosta começar a se formar, marque o centro dos bolos com uma faca afiada. Continue a assar por mais 35 minutos até que os bolos fiquem com o centro ligeiramente fofo. Deixe esfriar antes de desenformar.

> **Nota:** Você irá precisar de duas fôrmas para bolo inglês de 18 × 8 cm.

AMANTEIGADOS DE CHOCOLATE E CHÁ VERDE

Como escocês, tenho paixão por amanteigados, e Suzue, que é japonesa, adora matcha (chá verde em pó), por isso foi natural combinar os dois.

Rende cerca de 25 amanteigados

185 g (1¼ de xícara) de farinha de trigo comum peneirada
125 g (1¼ de tablete) de manteiga sem sal, cortada em cubos e em temperatura ambiente
60 g (¼ de xícara) de açúcar refinado extrafino
7 g (1 colher de chá) de *matcha* (chá verde em pó), e uma quantidade extra para polvilhar
500 g de chocolate meio-amargo fino temperado (ver p. 18–19), para cobrir

1 Preaqueça o forno a 160°C. Coloque todos os ingredientes em uma tigela, exceto o chocolate temperado, e mexa até obter uma massa.

2 Retire da tigela. Abra a massa até ficar com 5 mm de espessura em uma superfície levemente enfarinhada. Corte em quadrados de 4 cm e transfira para uma assadeira rasa forrada com um tapete de silicone antiaderente. Deixe descansar por pelo menos 1 hora na geladeira.

3 Asse no forno preaquecido por 20–25 minutos até dourar ligeiramente. Retire da assadeira e deixe esfriar. Mergulhe no chocolate temperado e polvilhe com o *matcha* em pó.

144 BOLOS E BISCOITOS

ROSETTES DE CHOCOLATE COM GANACHE DE CANELA

Em vez da canela em pó, usamos a casca de canela para infundir o creme de leite, pois, por não deixar resíduos na espátula, o resultado é uma ganache de aparência mais lisa.

Rende cerca de 15 rosettes

170 g (1 xícara generosa) de farinha de trigo comum, peneirada
10 g de cacau em pó
160 g (1⅔ de tablete) de manteiga sem sal, cortada em cubos e amolecida
65 g (⅓ de xícara generoso) de açúcar de confeiteiro (em pó/puro)
30 mL de leite

Para a ganache de canela

150 mL (⅔ de xícara) de creme de leite fresco para chantilly
⅓ de pau de canela
125 g de chocolate meio-amargo fino (com 66% de sólidos de cacau), bem picado
12 g de manteiga sem sal, cortada em cubos e em temperatura ambiente

1 Para as *rosettes*, preaqueça o forno a 180°C. Peneire a farinha e o cacau em uma tigela. Coloque a manteiga em outra tigela e bata até ficar homogênea. Peneire o açúcar de confeiteiro e bata até que a mistura fique leve e aerada. Aos poucos, junte e misture o leite e depois adicione a farinha e o cacau em pó.

2 Coloque a mistura em um saco para confeitar adaptado com um bico estrela de 10 mm. Faça cerca de trinta círculos de 3,5 cm de diâmetro com a massa, sobre uma assadeira rasa forrada com um tapete de silicone antiaderente. Asse no forno preaquecido por 20 minutos. Deixe esfriar.

3 Para a ganache, coloque o creme de leite e o pau de canela em uma panela e leve ao fogo até levantar fervura. Retire do fogo, cubra com filme plástico e deixe em infusão por 30 minutos. Coloque o chocolate em uma tigela. Leve o creme de volta ao fogo até ferver e coe sobre o chocolate, misturando com uma espátula até que a mistura fique lisa. Adicione a manteiga e misture para formar uma emulsão homogênea. Deixe a ganache firmar por 1 hora, depois coloque em um saco para confeitar adaptado com um bico estrela de 10 mm e confeite uma espiral sobre o lado plano de metade das *rosettes*. Cubra com as demais *rosettes*, com o lado plano para baixo.

BRETONS DE CHOCOLATE

Originários da Bretanha, estes biscoitos são semelhantes aos amanteigados, mas a adição de gemas os torna mais nutritivos e crocantes.

Rende cerca de 12 bretons

15 g de chocolate meio-amargo fino (com 70% de sólidos de cacau), picado
250 g (2½ tabletes) de manteiga sem sal
150 g (1 xícara rasa) de açúcar de confeiteiro (em pó/puro), peneirado
60 g de gemas (cerca de 3 ovos)
160 g (1 xícara generosa) de farinha de trigo comum
30 g (¼ de xícara) de cacau em pó
50 g (⅔ de xícara) de amêndoas moídas
2 g (¼ de colher de chá) de sal marinho
Ovo para pincelar (preparado com 20 g de ovos, 6 ml (½ colher de sopa) de leite e uma pitada de sal

> **Nota:** Você irá precisar de doze anéis para *tartelettes* de 6 cm de diâmetro.

1 Derreta o chocolate em banho-maria. Junte a manteiga e o açúcar em uma tigela e bata até obter uma mistura leve e homogênea. Aos poucos, adicione as gemas e depois o chocolate derretido. Peneire a farinha e o cacau em pó em outra tigela e junte as amêndoas moídas e o sal marinho. Acrescente a mistura de chocolate, depois coloque em uma assadeira rasa enfarinhada, cubra e deixe descansar por pelo menos 2 horas na geladeira.

2 Preaqueça o forno a 150°C. Abra a massa até ficar com 1,5 cm de espessura em uma superfície enfarinhada e corte doze círculos de 6 cm de diâmetro. Disponha cada uma dentro de doze anéis para tortinhas de 6 cm, sobre uma assadeira rasa (ou asse em porções se não tiver essa quantidade disponível). Pincele com a mistura de ovo e marque com um garfo, fazendo o tradicional desenho de cruz. Asse por 25–30 minutos até dourar. Retire do forno, remova os anéis de metal com cuidado e leve de volta ao forno por mais 10 minutos. Deixe esfriar.

COOKIES COM GOTAS DE CHOCOLATE

Todos adoram cookies, e estes são uma versão mais elaborada do clássico.

Rende cerca de 25 cookies

175 g (1 xícara generosa) de farinha de trigo comum
1,5 g (1¼ de colher de chá) de fermento químico
Uma pitada de sal
115 g (1 tablete e mais 1 colher de sopa) de manteiga sem sal, cortada em cubos e amolecida
100 g (½ xícara) de açúcar mascavo claro
75 g (⅓ de xícara) de açúcar refinado extrafino
50 g de ovos inteiros (cerca de 1 ovo)
30 g de avelãs, grosseiramente picadas e ligeiramente tostadas
85 g (¾ de xícara generosos) de nozes, grosseiramente picadas
200 g de chocolate meio-amargo fino (com 70% de sólidos de cacau), bem picado

1 Preaqueça o forno a 180°C. Forre uma assadeira rasa com um tapete de silicone antiaderente.

2 Peneire a farinha, o fermento e o sal em uma tigela. Coloque a manteiga e os açúcares em uma tigela e bata até obter um creme leve e aerado. Aos poucos, misture os ovos até incorporar completamente.

3 Acrescente a farinha, as oleaginosas e o chocolate e faça discos de 3,5 cm sobre uma assadeira rasa, mantendo um bom espaço entre eles para permitir que cresçam. (É possível que você tenha que assar em várias fornadas, exceto se tiver 2–3 assadeiras rasas disponíveis.) Asse no forno preaquecido por 20–25 minutos até dourar. Deixe esfriar.

BISCOITOS DE CHOCOLATE COM NIBS DE CACAU

Os nibs de cacau presentes nesta receita atuam como chocolate. Eles adicionam um delicioso toque crocante, bem como uma acidez comum das frutas.

Rende cerca de 25 biscoitos

125 g (1¼ de tablete) de manteiga sem sal, cortada em cubos e amolecida
125 g (½ xícara generosa) de açúcar refinado extrafino
¼ de fava de baunilha, cortada ao meio no sentido do comprimento
20 mL (1½ colher de sopa) de creme de leite fresco para chantilly
125 g (¾ de xícara generosos) de farinha de trigo comum
5 g (1 colher de chá) de fermento químico
125 g (1⅔ de xícara) de amêndoas moídas
50 g de *nibs* de cacau
Açúcar cristal branco, para polvilhar

1 Coloque a manteiga e o açúcar em uma tigela e bata até obter uma mistura leve e aerada. Raspe as sementes de baunilha, coloque-as no creme de leite junto com a fava e misture bem. Peneire a farinha e o fermento em uma tigela, misture as amêndoas moídas e os *nibs* de cacau. Combine com a mistura de manteiga, coloque em uma assadeira rasa enfarinhada, envolva em filme plástico e deixe resfriar por pelo menos 1 hora na geladeira.

2 Preaqueça o forno a 180°C. Abra a massa até ficar com 4 mm de espessura, corte em quadrados de 5 cm e coloque em assadeiras forradas com tapetes de silicone antiaderentes, deixando um espaço de 3 cm entre cada quadrado. Asse no forno preaquecido por 12–15 minutos até dourarem ligeiramente. Polvilhe com um pouco de açúcar cristal e deixe esfriar.

SABLÉS DE CHOCOLATE

Originário da Normandia, este é um biscoito delicado e crocante, cujo nome significa "areia" em francês. Delicioso acompanhado com uma caneca de chocolate quente.

Rende cerca de 25 sablés

150 g (1 xícara) de farinha de trigo comum
20 g (1 colher de sopa) de cacau em pó
125 g (1¼ de tablete) de manteiga sem sal, cortada em cubos e amolecida
75 g (½ xícara) de açúcar de confeiteiro (em pó/puro)
10 g de gemas (cerca de ½ ovo)
Claras de ovos, para pincelar
Açúcar cristal branco, para enrolar

1 Preaqueça o forno a 160°C.

2 Peneire a farinha e o cacau em uma tigela. Bata a manteiga e o açúcar em outra tigela até obter um creme claro, cerca de 2–3 minutos. Aos poucos, adicione as gemas.

3 Acrescente os ingredientes secos e misture até obter uma massa.

4 Vire a massa em uma assadeira rasa ligeiramente enfarinhada, cubra com filme plástico e deixe resfriar por 30 minutos na geladeira.

5 Enrole a massa até ficar com a forma de um cilindro longo. Pincele com as claras e depois passe no açúcar. Corte em fatias de 1,5 cm e coloque em uma assadeira rasa antiaderente.

6 Asse no forno preaquecido por 15-20 minutos. Deixe esfriar.

BISCOITOS HOLANDESES

Embora seu preparo demande tempo, estes biscoitos são divertidos de preparar, têm um visual incrível e ficam deliciosos quando bem feitos.

Rende cerca de 25 biscoitos

Para a massa de baunilha
250 g (1⅔ de xícara) de farinha de trigo comum
150 g (1½ tablete) de manteiga sem sal, cortada em cubos e amolecida
75 g (½ xícara) de açúcar de confeiteiro (em pó/puro)
¼ de fava de baunilha, cortada ao meio no sentido do comprimento
25 g de gemas (cerca de 1 ovo)

Para a massa de chocolate
140 g (1 xícara rasa) de farinha de trigo comum
15 g de cacau em pó
90 g (7 colheres de sopa) de manteiga sem sal, amolecida
45 g (⅓ de xícara) de açúcar de confeiteiro (em pó/puro)
15 g de gemas (cerca de 1 ovo)
Claras de ovos

1 Para fazer a massa de baunilha, peneire a farinha em uma tigela. Coloque a manteiga e o açúcar em outra tigela, acrescente as sementes raspadas da fava de baunilha e bata até obter um creme leve e aerado. Adicione a gema e bata até o resultado ficar liso. Junte a farinha e misture até formar uma massa homogênea. Envolva em filme plástico e deixe descansar por pelo menos 1 hora na geladeira.

2 Para fazer a massa de chocolate, peneire a farinha e o cacau em pó em uma tigela. Coloque a manteiga e o açúcar em outra tigela e bata até obter uma mistura leve e aerada. Adicione a gema e bata até o resultado ficar liso. Junte a farinha e o cacau em pó e misture até obter uma massa. Envolva em filme plástico e deixe resfriar por pelo menos 1 hora na geladeira.

3 Para montar, reserve um quarto da massa de baunilha. Abra o restante da massa de baunilha e toda a massa de chocolate até ficarem com 1 cm de espessura e corte em tiras de 1 cm de largura. Cuidadosamente, coloque uma tira da massa de chocolate em uma superfície de trabalho. Pincele levemente com a clara e disponha uma tira da massa de baunilha ao lado dela. Pincele novamente com a clara e coloque uma tira da massa de chocolate ao lado da tira de baunilha.

4 Repita o processo montando mais duas camadas de tiras, alternando os sabores e formando o padrão de um tabuleiro de xadrez, até obter um bloco de massa, três tiras lado a lado em três camadas.

5 Abra o restante da massa de baunilha em uma superfície ligeiramente enfarinhada até ficar com 3 mm de espessura e cerca de 12,5 cm de largura. Apare para igualar os lados. Use este retângulo de massa para enrolar em volta do recheio com padrão de tabuleiro de xadrez, unindo tudo perfeitamente. Apare para igualar os lados. Transfira para uma assadeira rasa forrada com uma folha de silicone ou papel-manteiga, envolva frouxamente com filme plástico e resfrie por 1 hora na geladeira. Preaqueça o forno a 180°C.

6 Corte em fatias de 1 cm de espessura, coloque em uma assadeira rasa forrada com um tapete de silicone antiaderente e asse por 18–20 minutos até dourar ligeiramente.

PÂTISSERIE

O nome inspirador por trás da *pâtisserie* moderna é o de Gaston Lenôtre. Conhecido pelos franceses como o "cavalheiro pâtissier", ele recebe muitos créditos por ter renovado o mundo da pâtisserie na década de 1960, ao utilizar menos farinha e açúcar, optando por musses mais leves e tirando proveito de inovações técnicas, como o congelamento instantâneo e a gelatina. Nas palavras de Pierre Hermé, Lenôtre "incrementou, modernizou e tornou mais leves as pesadas sobremesas dos anos 1950".

Na década de 1970, a nouvelle cuisine exigiu o retorno de preparações simples e o aumento da utilização de ingredientes frescos, e Lenôtre era frequentemente citado como um dos líderes do movimento (embora suas criações certamente não fossem simples). Para mim, ele é alguém que, depois de um começo humilde, atingiu feitos extraordinários, criando uma das primeiras marcas da culinária, treinando e inspirando toda uma geração de pâtissiers, inclusive eu mesmo. Em minha juventude, eu costumava tomar o ônibus noturno para Paris unicamente para olhar as vitrines de lojas como a dele.

Nossa pâtisserie tem como foco a modernização de iguarias clássicas, o que envolve diversos fatores e se realiza de forma estruturada e setorizada. Optamos por usar quantidades menores para diferentes itens, de modo que as receitas possam ser copiadas em cozinhas caseiras. Entretanto, sempre planejo o que vou fazer e o que tenho em minha cozinha – se tenho alguma sobra de pão de ló, eu a congelo para utilizar em outra ocasião. Pode-se congelar massas para bolos e biscoitos, armazenar caldas e compotas em recipientes herméticos na geladeira e congelar macarons depois de assados. É importante que qualquer tipo de musse seja preparada o mais próximo possível do momento de montar o prato, para evitar que endureça prematuramente.

DECORANDO COM CHOCOLATE

Várias técnicas podem ser utilizadas com o uso de chocolate temperado, no sentido de criar decorações delicadas e atraentes para seus doces. Quando você cria uma pâtisserie elaborada, uma decoração especial, como as que se seguem, pode proporcionar um visual ainda mais incrível e atraente.

Bolinhas de chocolate

1 Limpe e seque bem um molde de plástico, cujas cavidades tenham o formato de meias-esferas. Usando uma concha, encha as cavidades até a borda com o chocolate temperado, raspando qualquer excesso. Com o raspador, bata nas laterais do molde para remover qualquer bolha de ar.

2 Vire o molde, com a abertura voltada para baixo, sobre a tigela de chocolate temperado em banho-maria e bata com o raspador para remover qualquer excesso.

3 Coloque o molde de cabeça para baixo sobre uma assadeira rasa forrada com um tapete de silicone antiaderente (ou coberta com uma folha de silicone ou papel-manteiga) e deixe firmar por cerca de 2 horas em local fresco e seco, ou até que o chocolate se solte do molde.

4 Torça o molde, como se faz com uma fôrma de gelo, para soltar as meias-esferas, e depois vire de cabeça para baixo sobre uma superfície limpa.

5 Aqueça uma panela no fogão e vire. Com cuidado, coloque suas meias-esferas sobre o fundo da panela por um segundo, e então, pressione uma na outra para formar uma bola. Coloque de volta nos moldes para evitar que se movam. Reserve para firmarem completamente.

Copeaux de chocolate

1 Usando uma espátula angular, espalhe uma camada fina de chocolate temperado em uma superfície de mármore ou granito, e reserve até firmar quase completamente.

2 Pressione um raspador de metal contra o chocolate formando um ângulo para criar palitos bem finos (*copeaux*) – um movimento curto e firme para o lado irá fazer com que os pedaços se prendam no mármore.

3 Deixe firmar sobre a superfície por alguns minutos e depois retire usando o raspador.

Lâminas de chocolate

1 Corte triângulos em uma folha de acetato. Espalhe uma camada fina de chocolate sobre cada triângulo, usando uma espátula. Reserve até quase firmar.

2 Cuidadosamente, usando a ponta de uma faca pequena, levante o triângulo de acetato da folha de chocolate. Coloque em um molde de formato encurvado, fazendo um ângulo, e deixe firmar por pelo menos 2 horas, em local fresco e seco. Eles irão se contrair e formar lâminas mais curvadas ao firmarem. Retire o triângulo de acetato apenas quando for utilizar o chocolate.

Nota: Para todas as decorações, o chocolate deve ser temperado (ver p. 18–19).

TÉCNICAS DE RASPAGEM E MODELAGEM

Nota: Cada uma destas decorações requer uma tira de acetato de 18 × 40 cm.

Ponto de partida básico

Aros de chocolate

Cuidadosamente, levante a folha de acetato coberta com chocolate da superfície de trabalho e envolva em um tubo de plástico, com a parte do chocolate para dentro, e deixe firmar por pelo menos 2 horas, em local fresco e seco. Delicadamente, retire o chocolate do tubo (se for usada uma superfície de plástico, o chocolate firme sempre se soltará facilmente) e separe em tiras finas para obter diversos aros.

PÂTISSERIE 155

Coloque uma pequena quantidade de chocolate temperado sobre uma tira de acetato e, usando uma espátula angular pequena, espalhe o chocolate formando uma camada fina. Raspe usando um raspador tipo pente, da esquerda para a direita, por todo o comprimento do acetato e reserve até quase firmar.

Espirais de chocolate

Com cuidado, levante a folha de acetato coberta com chocolate da superfície de trabalho e enrole para formar uma espiral. Coloque em uma fôrma encurvada para que mantenha a forma, enquanto endurece completamente. Reserve para firmar por pelo menos 2 horas, em local fresco e seco. Separe as tiras finas para obter diversas espirais de chocolate.

Ondas de chocolate

Coloque outra tira de acetato sobre o chocolate e então, com cuidado, posicione entre duas folhas de plástico ondulado. Pressione delicadamente e deixe firmar por pelo menos 2 horas, em local fresco e seco. Com cuidado, remova o plástico e o acetato quando for usar e separe o chocolate em tiras finas para obter diversas ondas.

Espirais com a técnica de confeitar

Faça um saco para confeitar pequeno usando uma folha de silicone ou papel-manteiga e encha até a metade com chocolate temperado (certifique-se de que o furo na ponta seja bem pequeno, menor que 1 mm). Faça linhas finas ao longo do acetato e reserve até estar quase firme. Com cuidado, levante o acetato coberto com chocolate e enrole, formando uma espiral. Coloque em uma fôrma encurvada e deixe firmar por pelo menos 2 horas, em local fresco e seco. Retire o acetato quando for utilizar o chocolate.

TÉCNICAS PARA O PREPARO DA FOLHA DE CHOCOLATE

1 Coloque um pouco de chocolate temperado em uma folha de acetato (você pode personalizar suas criações usando acetato decorado) e espalhe formando uma camada fina. Reserve até quase firmar, em local fresco e seco.

2 Para fazer quadrados, ajuste uma carretilha múltipla no tamanho desejado e corra sobre o chocolate para fazer pedaços de formatos iguais. Ou, use uma faca pequena e afiada para marcar os quadrados.

3 Para fazer furos nos quadrados, corte o centro de cada um usando a ponta de um bico para confeitar de metal, pequeno.

4 Coloque outra folha de acetato sobre o chocolate marcado e depois disponha tudo entre duas chapas de acrílico ou assadeiras rasas. Seu peso evitará que o chocolate encurve enquanto firma. Deixe endurecer completamente por pelo menos 2 horas em local fresco e seco.

5 Quando for usar, remova as folhas de acetato e separe os quadrados. Você pode usar o mesmo método para criar formatos diferentes – discos para *Florentines* (ver p. 100) ou retângulos para os Amanteigados milionários (ver p. 112), por exemplo.

PASTA PRALINA

A pralina remonta aos anos 1730, na França. No início, ela era preparada com amêndoas, mas atualmente são utilizados vários tipos de oleaginosas, como avelãs e nozes, por exemplo. Usamos avelãs do Piemonte e amêndoas de Avola em nossa pralina, duas das mais sofisticadas variedades de oleaginosas que se pode adquirir – suaves e nutritivas, e sem nenhum amargor.

A pralina é vastamente usada por *pâtissiers* e *chocolatiers* em receitas de *pâtisserie*, chocolates, bolos, sorvetes e sobremesas. Uma de minhas iguarias favoritas, o Paris Brest (ver p. 187), é aromatizada com pralina.

Rende cerca de 500 g

150 g (1 xícara) de avelãs
150 g (¾ de xícara) de amêndoas
250 g (1 xícara generosa) de açúcar refinado extrafino
10 mL (¾ de colher de sopa) de óleo de avelã

1

2

3

1 Preaqueça o forno a 200°C e espalhe as oleaginosas sobre uma assadeira rasa antiaderente. Toste no forno por 8–10 minutos até dourar ligeiramente e depois transfira para uma panela de fundo reforçado.

2 Cozinhe em fogo médio enquanto adiciona o açúcar aos poucos, mexendo sempre.

3 Continue a cozinhar e mexa até formar um caramelo de cor âmbar, cerca de 15-18 minutos.

4 Coloque as oleaginosas caramelizadas sobre uma assadeira forrada com um tapete de silicone antiaderente e deixe esfriar.

5 Depois de fria, quebre a pralina e transfira para um bom processador de alimentos ou liquidificador (usamos a marca Thermomix).

6 Acrescente o óleo de avelã e bata até obter uma pasta homogênea. Armazene em um recipiente hermético por até 1 mês.

MUSSE DE CHOCOLATE

A musse de chocolate está presente na maioria de nossas receitas de *pâtisserie*, pois é uma forma leve de adicionar um sabor intenso de chocolate. Além disso, saber preparar uma boa musse é essencial para dominar a arte da *pâtisserie*. O método *anglaise* funciona melhor para pequenas porções e, embora ambos tenham resultados parecidos, o item preparado com o método *sabayon* ficará um pouco mais leve.

Rende 10–12 porções

150 mL (⅔ de xícara) de leite
550 mL (2¼ de xícaras) de creme de leite fresco para chantilly (com 30% de gordura)
1 fava de baunilha
60 g de gemas (cerca de 3 ovos)
30 g de açúcar refinado extrafino
320 g de chocolate meio-amargo fino (com 66% de sólidos de cacau), bem picado

1

2

3

Método *anglaise*

1 Em uma panela, coloque o leite, 150 mL do creme de leite fresco e a fava de baunilha; leve ao fogo até ferver. Enquanto isso, bata as gemas com o açúcar em uma tigela grande até que a mistura fique clara, cerca de 2–3 minutos.

2 Quando o leite com creme de leite ferver, despeje metade na mistura de gemas e mexa bem.

3 Coloque de volta na panela e cozinhe em fogo baixo, mexendo sempre, até que a mistura engrosse o bastante para cobrir o dorso de uma colher.

4 Retire do fogo e passe por uma peneira fina sobre uma tigela com o chocolate picado.

5 Usando uma espátula, misture até ficar homogêneo e emulsionar e, então, deixe esfriar.

6 Coloque o creme de leite restante em uma tigela e bata até obter um creme mais espesso. Outra opção é usar uma batedeira equipada com o batedor para claras.

7 Com cuidado, incorpore o creme batido à mistura de chocolate e use imediatamente.

Método *sabayon*

- 300 g de chocolate meio-amargo fino (com 63% de sólidos de cacau), bem picado
- 140 g de gemas
- 80 g (⅓ de xícara) de açúcar refinado extrafino
- 40 mL (2 colheres de sopa) de água
- 380 mL (1½ xícara) de creme de leite fresco para chantilly (com 30% de gordura)

1 Derreta o chocolate em banho-maria até atingir 45°C. Bata as gemas em uma batedeira equipada com o batedor de claras. Enquanto isso, coloque o açúcar e a água em uma panela e leve ao fogo para ferver. Cozinhe até atingir 121°C e então, aos poucos, despeje a calda de açúcar sobre as gemas e continue a bater até atingir o estágio *sabayon* completo (até que a mistura se torne espessa e pálida, formando um fio contínuo ao escorrer do batedor). Continue a bater até esfriar.

2 Em outra tigela, bata o creme de leite até atingir o ponto de creme (ver p. 218) e então misture ao *sabayon*. Cuidadosamente, incorpore um terço da mistura no chocolate derretido e depois junte o restante. Use imediatamente.

BABA DE CHOCOLATE AO RUM

Esta é uma sobremesa muito simples – a nossa versão é embebida em calda de chocolate para torná-la um pouco mais substanciosa e com sabor mais profundo.

Rende 18 porções

200 mL (¾ de xícara generosos) de rum escuro, para regar

Para as uvas-passas embebidas no rum
250 g (1½ xícara) de uvas-passas, lavadas e secas
150 mL (⅔ de xícara) de rum escuro

Para a massa de *baba*
60 mL (¼ de xícara) de leite
20 g de fermento biológico fresco
230 g (1½ xícara) de farinha de trigo comum, peneirada
20 g de açúcar refinado extrafino
1 g (uma pitada) de sal
150 g de ovos inteiros (cerca de 3 ovos)
100 g (1 tablete) de manteiga sem sal, amolecida, e uma quantidade extra para untar

Para a calda de chocolate
450 mL (1¾ de xícara) de água
375 g (1⅔ de xícara) de açúcar refinado extrafino
50 g (½ xícara) de cacau em pó
50 g de chocolate meio-amargo fino (com 70% de sólidos de cacau), grosseiramente picado

Para o creme chantilly
120 mL (½ xícara) de creme de leite fresco para chantilly (com 30% de gordura)
120 mL (½ xícara) de creme de leite fresco
½ fava de baunilha, cortada ao meio no sentido do comprimento
15 g de açúcar refinado extrafino

Notas:
- Prepare as uvas-passas embebidas no rum com antecedência e armazene em um recipiente hermético até o momento de usar.
- Você pode preparar uma quantidade menor que 18, montando os componentes conforme indicado e congelando as sobras de *babas*.
- Você irá precisar de 18 forminhas *canelle* ou *dariole*.

Um dia antes, prepare as uvas-passas embebidas no rum:

1 Coloque as uvas-passas em um recipiente hermético e adicione o rum. Feche e deixe marinar por toda a noite.

No dia seguinte, prepare os *babas*:

2 Coloque o leite em uma panela e aqueça lentamente até atingir cerca de 30°C – cuide para não aquecer em excesso ou irá matar o fermento. Despeje o leite em uma tigela e acrescente o fermento; misture até dissolver. Adicione 30 g de farinha peneirada, cubra com um pano e reserve em local morno por cerca de 20 minutos até dobrar o tamanho (este é o fermento físico do pão de ló).

3 Coloque o restante da farinha, o açúcar e o sal em uma tigela de *mixer* e misture. Adicione os ovos e o fermento e bata em velocidade moderada, usando o batedor de massa, até que a mistura se solte dos lados da tigela, cerca de 10 minutos. Outra opção é sovar a massa manualmente em uma tigela grande. Aos poucos, acrescente a manteiga até incorporar completamente. Cubra com um pano e deixe descansar em local morno até dobrar de tamanho, cerca de 30–45 minutos.

4 Unte ligeiramente as forminhas (ver Nota ao lado). Bata novamente a massa e transfira para um saco para confeitar, faça um pequeno furo na ponta e pressione dentro das fôrmas preparadas, até atingir a metade. Deixe descansar até que a superfície da massa suba um pouco acima da borda da fôrma, cerca de 20–30 minutos. Enquanto isso, preaqueça o forno a 200°C.

5 Asse por 25 minutos, e então baixe a temperatura do forno para 160° para secar por mais 12–15 minutos. Desenforme e, depois de frios, congele os *babas* que não serão usados imediatamente.

Para montar e finalizar:

6 Faça a calda de chocolate. Ferva a água e o açúcar em uma panela. Adicione o cacau em pó, deixe ferver novamente, em fogo baixo, por mais 2 minutos. Passe por uma peneira fina sobre uma tigela contendo o chocolate picado, e mexa até incorporar totalmente.

7 Despeje a calda em uma assadeira rasa e acrescente os *babas*. Use uma colher para despejar a calda sobre as superfícies, de modo que os bolos fiquem completamente cobertos. Depois que estiverem totalmente cobertos, levante-os com cuidado, coloque em um prato para servir e deixe esfriar. Despeje 1 colher de sopa de rum sobre cada *baba*.

8 Para fazer o creme chantilly, bata os dois cremes de leite, as sementes de baunilha e o açúcar até o ponto de creme mais espesso e coloque em um saco para confeitar, pronto para o uso.

9 Coloque uma colher cheia de uvas-passas brancas, embebidas no rum, no prato para servir. Com cuidado, usando uma colher grande, disponha o *baba* sobre as passas. Pressione um pouco de creme chantilly ao lado de cada *baba*.

TARTE DE CHOCOLATE

O primeiro emprego que tive foi em um pequeno restaurante na Escócia, sob a orientação de Scott Lyall. Ele é fantástico no treinamento de jovens chefs, muitos dos quais se tornaram profissionais de sucesso. Scott era muito influenciado pelas tendências francesas atuais, pesquisando, provando e desenvolvendo suas próprias receitas. Ele foi uma grande influência para o início da minha carreira, e eu apreciava muito as ocasiões em que preparávamos essas tartes juntos. Elas também são as favoritas da connaisseur em chocolate Sara Jayne Stanes.

Rende 15–16 tortinhas

- 1 porção de **massa de avelãs e amêndoas** (ver p. 190), substituindo as avelãs moídas por mais 50 g (⅔ de xícara) de amêndoas moídas
- ⅔ de porção de **ganache básica** (ver p. 22–23)
- 1 porção de **creme chantilly** (ver p. 162)
- **Decorações de chocolate** (ver p. 152–157) e uma folha de ouro comestível, para finalizar

Para o pão de ló leve de chocolate

- 85 g de chocolate meio-amargo fino (com 63% de sólidos de cacau), picado
- 40 g (3 colheres de sopa) de manteiga sem sal, amolecida
- 25 g de gemas (cerca de 1 ovo)
- 80 g de claras (cerca de 3 ovos)
- 40 g (¼ de xícara raso) de açúcar refinado extrafino

Para a glaçage de chocolate

- 130 mL (½ xícara) de creme de leite fresco para chantilly
- 25 g de açúcar refinado extrafino
- 20 g de glucose líquida
- 125 g de chocolate meio-amargo fino (com 63% de sólidos de cacau), picado

Notas:
- Você irá precisar de 15–16 fôrmas para *tartelettes* de 7 cm de diâmetro e 3 cm de profundidade.
- A massa e o pão de ló podem ser preparados com antecedência, embalados cuidadosamente e congelados.

Primeiro, prepare e resfrie a massa:

1 Siga as instruções do passo 1 da página 190, mas use a massa para forrar 15–16 formas para *tartelettes*, apare as sobras e deixe descansar por pelo menos 30 minutos na geladeira.

Enquanto isso, asse o pão de ló:

2 Preaqueça o forno a 160°C. Derreta o chocolate em banho-maria até atingir 45°C. Retire do fogo, adicione a manteiga amolecida e misture até combinar completamente. Acrescente as gemas e mexa até incorporar totalmente.

3 Em uma tigela, bata lentamente as claras, acrescentando o açúcar e aumentando a velocidade aos poucos. Continue a bater até formar um merengue em ponto de neve mole (ver p. 218). Outra opção é usar um *mixer* equipado com o batedor para claras. Adicione um terço do merengue à mistura de chocolate e mexa até ficar homogêneo. Com cuidado, incorpore o restante do merengue.

4 Coloque a mistura de pão de ló em um saco para confeitar adaptado com um bico liso de 12 mm e modele discos de 3,5 cm sobre um tapete de silicone antiaderente. Asse por 12–15 minutos, depois transfira para um aramado até esfriar completamente.

Em seguida, asse a massa:

5 Aumente a temperatura do forno para 180°C. Usando uma folha de silicone ou papel-manteiga, forre as bases de massa e coloque pesinhos em cima. Asse no forno por 15 minutos. Retire a folha de silicone e os pesinhos, leve de volta ao forno e continue a assar por mais 10–12 minutos até dourar. Deixe esfriar sobre um aramado e retire as bases das fôrmas.

Prepare a glaçage:

6 Coloque o creme de leite, o açúcar e a glucose em uma panela e leve ao fogo até levantar fervura. Aos poucos, acrescente esse creme ao chocolate picado, mexendo sempre para formar uma emulsão. Use imediatamente.

Para montar e finalizar:

7 Usando uma jarra, despeje a ganache básica dentro de cada base até encher um terço. Coloque um disco de pão de ló de chocolate sobre a ganache. Despeje mais ganache na *tarte* até atingir a borda. Transfira para a geladeira para firmar por cerca de 20 minutos.

8 Com cuidado, coloque uma camada fina de glaçage de chocolate sobre a *tarte* e deixe esfriar. Prepare o creme chantilly e modele em formato de *quenelles*. Coloque as *quenelles* sobre a *tarte* e aplique as decorações de chocolate e a folha de ouro comestível.

MIL-FOLHAS CLÁSSICO
Esta é a versão que eu costumava preparar com Pierre Koffmann no La Tante Claire.

Rende 12 porções

1 porção de **creme de confeiteiro** (ver creme de confeiteiro com chocolate na p. 187), preparado sem o cacau em pó e o chocolate e com 80 g de farinha de trigo comum
½ porção de **creme chantilly** (ver p. 162)
Decorações de chocolate (ver p. 152–157)

Para a massa folhada
250 g (1⅔ de xícara) de farinha de trigo suave [para confeitaria]
250 g (1⅔ de xícara) de farinha de trigo forte [para pão]
8 g (1½ colher de chá) de sal
500 g (5 tabletes) de manteiga sem sal
225 mL (1 xícara rasa) de água fria
Açúcar de confeiteiro, para polvilhar

Para o creme diplomata com chocolate
250 mL (1 xícara) de leite
½ fava de baunilha, cortada ao meio no sentido do comprimento
60 g de gemas (cerca de 3 ovos)
75 g (⅓ de xícara) de açúcar refinado extrafino
20 g de farinha de trigo comum, peneirada
20 g (1 colher de sopa) de cacau em pó
30 g de chocolate meio-amargo fino (com 70% de sólidos de cacau), picado
150 mL (⅔ de xícara) de creme de leite fresco (com 36% de gordura)

Para as maçãs caramelizadas com mel
125 g (½ xícara generosa) de açúcar refinado extrafino
50 g de mel líquido
3 maçãs, descascadas, sem os miolos e cortadas em 12 gomos cada uma
15 mL (1 colher de sopa) de Sauternes ou vinho suave

Primeiro, prepare a massa folhada:

1 Peneire as farinhas e o sal em uma superfície limpa e coloque a manteiga em cubos no centro. Usando as pontas dos dedos, trabalhe os ingredientes até que a mistura fique esfarelada. Faça uma cavidade no centro e despeje dois terços da água fria, misturando até que a massa comece a se juntar. Acrescente o restante da água e forme uma massa homogênea que contenha lascas de manteiga – não sove. Envolva com filme plástico e resfrie por 20 minutos. Em uma superfície ligeiramente enfarinhada, abra a massa até obter um retângulo de 40 × 20 cm. Dobre um dos lados menores até que sobre apenas um terço da massa descoberta. Faça o mesmo com o outro lado, obtendo, então, três camadas. Esta é a primeira virada. Gire a massa em 90°, e abra-a novamente, obtendo outro retângulo, e a seguir repita as dobras (esta é a segunda virada). Coloque sobre uma assadeira rasa ligeiramente enfarinhada, cubra com filme plástico e resfrie por pelo menos 30 minutos. Dobre a massa em um quarto e depois repita os passos das duas viradas descritas acima. Deixe resfriar por 1 hora.

Enquanto isso, prepare o creme diplomata, as maçãs e asse a massa:

2 Para o creme, coloque o leite e a fava de baunilha em uma panela e aqueça lentamente, até levantar fervura. Em uma tigela, bata as gemas e o açúcar até obter uma mistura de cor clara, cerca de 2–3 minutos. Adicione a farinha e o cacau e bata novamente até que a mistura fique homogênea. Despeje metade do leite fervido na tigela e misture até não ficar nenhum grumo. Passe por uma peneira fina e depois coloque junto com o restante do leite na panela. Mexa continuamente até começar a ferver e depois baixe o fogo e deixe cozinhar lentamente por cerca de 5 minutos, mexendo sempre. Retire do fogo, acrescente o chocolate e misture até derreter. Despeje o creme em uma assadeira rasa, envolva com filme plástico e resfrie rapidamente.

3 Bata o creme de leite fresco em uma tigela grande até o ponto de creme espesso. Em outra tigela, bata o creme de chocolate até ficar liso e acrescente o creme de leite batido.

4 Para as maçãs, aqueça uma panela de fundo reforçado, adicione um terço do açúcar e cozinhe até virar um caramelo. Aos poucos, acrescente o restante do açúcar. Assim que o caramelo atingir a coloração âmbar, adicione o mel e cozinhe por 2 minutos. Acrescente as maçãs e cozinhe, em fogo baixo, por 5–8 minutos. O caramelo irá penetrar as maçãs, que ficarão douradas. Retire a panela do fogo, adicione o vinho e deixe que as maçãs resfriem no caramelo.

5 Em uma superfície ligeiramente enfarinhada, corte a massa ao meio e abra até ficar com 5 mm de espessura. Coloque em uma assadeira rasa forrada com um tapete de silicone antiaderente. Repita com o outro pedaço de massa em outra assadeira rasa. Resfrie por 30 minutos. Preaqueça o forno a 200°C. Fure a massa com um garfo. Polvilhe livremente com açúcar de confeiteiro e asse por 25–30 minutos até que a massa cresça e doure. Deixe esfriar sobre um aramado.

Para montar e finalizar:

6 Usando uma faca serrilhada, corte a massa folhada em retângulos de 4 × 10 cm – no total, você precisará de 36 retângulos. Coloque o creme de confeiteiro em um saco para confeitar adaptado com um bico de 10 mm e faça tiras sobre o retângulo de massa folhada. Escorra as maçãs, coloque 6 gomos sobre o creme e cubra com uma segunda camada de massa folhada. Coloque o creme diplomata com chocolate em um saco para confeitar adaptado com um bico de 12 mm e modele gotas sobre a massa. Cubra com a camada final de massa folhada. Coloque o creme chantilly em um saco para confeitar adaptado com um bico serra de 10 mm e faça uma gota sobre a última camada. Guarneça com decorações de chocolate.

MONT BLANC

As montanhas cobertas de neve são a inspiração para o nome desta iguaria. Na nossa rede, Suzue é a especialista e sempre prepara as melhores.

Rende 15 porções

1 porção de **creme diplomata com chocolate** (ver p. 166)

Para a musse de castanhas

7 g (1 colher de chá generosa) de gelatina em folha
65 g (¼ de xícara generoso) de açúcar refinado extrafino
65 mL (¼ de xícara) de água
175 g de purê de castanhas sem açúcar
30 mL (2 colheres de sopa) de rum escuro
300 mL (1¼ de xícara) de creme de leite fresco (com 36% de gordura)

Para os macarons de chocolate (rende cerca de 35 *macarons* pequenos)

20 g (1 colher de sopa) de cacau em pó, peneirado
100 g (1¼ de xícara) de amêndoas moídas
100 g de claras (cerca de 3½ ovos)
100 g (½ xícara rasa) de açúcar refinado extrafino

Para o creme de manteiga com castanhas e rum

115 g (1 tablete e mais 1 colher de sopa) de manteiga sem sal, amolecida
275 g de purê de castanhas
20 mL (1 colher de sopa) de rum escuro
45 g de claras (cerca de 1½ ovo)
90 g (⅓ de xícara) de açúcar refinado extrafino

Para finalizar

Cacau em pó
Castanhas portuguesas em calda a vácuo, em quartos
½ porção de **creme chantilly** (ver p. 162)
Copeaux de chocolate (ver p. 153)

Primeiro, prepare a musse de castanhas:

1 Coloque a gelatina em água fria suficiente para cobrir, deixe demolhar por alguns minutos até amolecer e, delicadamente, esprema qualquer excesso de líquido. Coloque o açúcar, a água e o purê de castanhas em uma panela e leve ao fogo até ferver. Adicione a gelatina e mexa até dissolver. Retire do fogo e bata a mistura usando um *mixer*, depois passe por uma peneira sobre uma tigela. Deixe esfriar. Então, acrescente o rum escuro. Em outra tigela, bata o creme de leite até o ponto de creme espesso e incorpore à mistura de castanhas. Transfira para um recipiente hermético e mantenha na geladeira até o momento de usar. Para firmar, deixe na geladeira por 2–3 horas.

Em segundo lugar, prepare os *macarons*:

2 Preaqueça o forno a 140°C e forre uma assadeira rasa com um tapete de silicone antiaderente. Junte o cacau em pó e as amêndoas moídas em uma tigela. Em outra tigela, bata as claras manualmente, devagar, adicionando o açúcar e aumentando a velocidade aos poucos. Continue a bater até obter um merengue em ponto de neve firme. Outra opção é bater as claras em um *mixer* equipado com batedor de claras.

3 Acrescente o cacau em pó e a mistura de amêndoas ao merengue. Coloque a mistura em um saco para confeitar adaptado com um bico liso de 14 mm e modele discos de 5 cm na assadeira preparada, deixando um espaço de 3,5 cm entre eles. Asse no forno por 35–40 minutos. Retire e deixe esfriar sobre um aramado.

Em seguida, prepare o creme de manteiga:

4 Em uma tigela, bata a manteiga e, aos poucos, adicione o purê de castanhas. Misture até ficar homogêneo e então acrescente o rum. Enquanto isso, em outra tigela, bata as claras e o açúcar em banho-maria até que a mistura atinja 60°C. Retire do fogo e continue a bater até chegar o ponto de neve mole e esfriar. Junte o merengue à mistura de manteiga.

Finalmente, para montar e finalizar:

5 Coloque o *macaron* em um pequeno prato para servir. Coloque o creme de manteiga em um saco para confeitar adaptado com um bico liso de 15 mm e faça uma gota de 4 cm sobre o *macaron*. Resfrie por 30 minutos. Usando uma espátula, espalhe uma camada uniforme de creme diplomata com chocolate em volta do creme de manteiga até cobrir completamente.

6 Coloque a musse em um saco para confeitar adaptado com um bico múltiplo e faça camadas sobre o chocolate, movendo o saco de uma lateral para a outra do creme de manteiga, formando três camadas no total. Polvilhe ligeiramente com cacau em pó. Faça uma gota de creme chantilly em cima e decore com uma castanha em calda picada e um *copeaux* de chocolate. Repita com os demais ingredientes até completar 15 Mont Blancs.

Nota: Os *macarons* e o creme de manteiga podem ser preparados com antecedência e congelados.

ROULADE DE CHOCOLATE E DAMASCO

Apesar de tradicionais no Reino Unido, estas iguarias são conhecidas como bolos de rolo no Japão, onde estão se tornando inovadoras e incrivelmente populares.

Rende 12–14 fatias

Decorações de chocolate
(ver p. 152–157) e uma folha
de ouro comestível, para finalizar

Para o pão de ló de chocolate do *roulade*

175 g de claras (cerca de 5½ ovos)

175 g (¾ de xícara) de açúcar refinado extrafino

210 g de gemas (cerca de 10½ ovos)

150 g (1 xícara) de farinha de trigo comum, peneirada

30 g (¼ de xícara) de cacau em pó, peneirado

Para a ganache de damasco

500 g de purê de damasco industrializado (*ou seguir a receita de purê de cassis na p. 124, substituindo por damasco*)

100 g (½ xícara rasa) de açúcar refinado extrafino

25 mL de suco de limão-siciliano

300 g de chocolate meio-amargo fino (com 63% de sólidos de cacau), bem picado

Para a musse de damasco

210 g de purê de damasco (*ou seguir a receita de purê de cassis na p. 124, substituindo por damasco*)

50 g (¼ de xícara) de açúcar refinado extrafino

7 g (1 colher de chá generosa) de gelatina em folha

300 mL (1¼ de xícara) de creme de leite fresco para chantilly (com 30% de gordura)

Nota: O pão de ló para o *roulade* pode ser preparado com antecedência e congelado.

Primeiro, prepare o pão de ló para o *roulade*:

1 Preaqueça o forno a 180°C. Em uma tigela, bata lentamente as claras, acrescentando o açúcar e aumentando a velocidade aos poucos. Continue a bater até formar um merengue em ponto de neve mole. Outra opção é bater as claras em um *mixer* equipado com batedor de claras. Aos poucos, junte as gemas e depois adicione lentamente a farinha e o cacau em pó.

2 Espalhe a mistura cuidadosamente entre duas assadeiras fundas de 25,5 × 30 cm forradas com tapetes de silicone antiaderentes. Asse no forno preaquecido por 18–20 minutos até dourar e a superfície voltar à posição inicial quando levemente pressionada. Retire do forno, coloque uma folha de silicone ou papel-manteiga sobre cada um e deixe esfriar sobre um aramado.

Enquanto isso, prepare a ganache de damasco:

3 Coloque o purê de damasco e o açúcar em uma panela e leve ao fogo até ferver. Adicione o suco de limão e mexa bem. Cozinhe em fogo baixo por 2–3 minutos. Despeje a mistura de damasco em uma tigela contendo o chocolate picado. Usando uma espátula, misture até obter uma emulsão. Deixe esfriar e engrossar em local fresco e seco.

Finalmente, prepare a musse de damasco:

4 Coloque o purê de damasco e o açúcar em uma panela e leve ao fogo até ferver. Retire do fogo. Em uma tigela pequena, coloque a gelatina em água suficiente apenas para cobrir, deixe demolhar por alguns minutos até amolecer e, delicadamente, esprema qualquer excesso de líquido. Acrescente a gelatina ao purê de damasco e açúcar, mexa até dissolver e deixe esfriar até atingir cerca de 40°C.

5 Coloque o creme de leite na tigela de um *mixer* equipado com batedor de claras, e bata até obter um creme suave. Outra opção é bater manualmente. Incorpore o creme batido ao purê de damasco e deixe esfriar e engrossar por cerca de 10 minutos.

Para montar e finalizar:

6 Sobre uma superfície plana, vire os dois pães de ló sobre duas folhas de silicone ou papel-manteiga, que foram usadas para cobri-los, e com cuidado retire os tapetes de silicone.

7 Espalhe a ganache, fria e espessa, uniformemente sobre os pães de ló, deixando um espaço de 5 cm em uma das bordas mais longas de cada um. Espalhe a musse de damasco sobre a ganache. Enrole os *roulades* começando pela borda longa, coberta com a ganache e a musse. Enrole, apertando bem, com a ajuda da folha de silicone sobre ele. Depois de enrolados, os *roulades* devem ser fechados pelo lado que não contém recheio. Deixe na geladeira por pelo menos 2 horas, para firmar.

8 Quando for servir, retire da geladeira, apare as pontas com uma faca quente e seca, e corte cada um em 6–7 fatias. Guarneça com decorações de chocolate e folha de ouro comestível.

FINANCIER DE CHOCOLATE com *curd* de maracujá

Esta receita foi inspirada pelo estilo de cozinhar que era usado durante o meu tempo trabalhando para Raymond Blanc, no Le Manoir aux Quat'Saisons.

Rende 15 porções

Decorações de chocolate (ver p. 152–157) e uma folha de ouro comestível, para finalizar

Para o *curd* de maracujá
1,5 g (¼ de colher de chá) de gelatina em folha
100 g de purê de maracujá industrializado
200 g de ovos inteiros (cerca de 4 ovos)
90 g (⅓ de xícara generoso) de açúcar refinado extrafino
90 g (7 colheres de sopa) de manteiga sem sal
2 maracujás

Para o *financier* de chocolate
260 g (2⅔ de tabletes) de manteiga sem sal
20 g de chocolate meio-amargo fino (com 66% de sólidos de cacau), picado
250 g (1½ xícara) de açúcar de confeiteiro (em pó/puro), peneirado
20 g (1 colher de sopa) de cacau em pó
125 g (1⅔ de xícara) de amêndoas moídas
85 g (½ xícara generosa) de farinha de trigo comum, peneirada
240 g de claras (cerca de 8 ovos)
25 g de geleia de laranja

Para a manga em calda
150 mL (⅔ de xícara) de água
90 g (⅓ de xícara) de açúcar refinado extrafino
7 g (1 colher de chá) de gengibre fresco ralado
1 manga grande (cerca de 150 g)
Raspas e suco de 1 limão

Para a geleia de brilho de maracujá
250 g de purê de maracujá industrializado
20 g de açúcar refinado extrafino
3 g (½ colher de chá) de gelatina em folha
½ fava de baunilha, cortada ao meio no sentido do comprimento

Para a calda de rum
180 mL (¾ de xícara) de água
170 g (¾ de xícara) de açúcar refinado extrafino
150 mL (⅔ de xícara) de rum escuro
½ fava de baunilha, cortada ao meio no sentido do comprimento

Primeiro, prepare o *curd* de maracujá:

1 Coloque quinze forminhas para *financiers* de 4,5 cm em uma assadeira rasa. Coloque a gelatina em uma tigela com água fria suficiente para cobrir, deixe demolhar por alguns minutos até amolecer e, então, esprema qualquer excesso de líquido. Coloque o purê de maracujá em uma panela e leve ao fogo até levantar fervura. Enquanto isso, em uma tigela grande, bata os ovos e o açúcar até obter uma mistura de cor clara. Acrescente metade do purê de maracujá e mexa até ficar homogêneo. Passe por uma peneira fina em uma tigela e então junte com o purê na panela. Continue a cozinhar em fogo baixo por mais 3-4 minutos. Retire do fogo, misture a manteiga, adicione a gelatina e mexa até dissolver. Corte cada maracujá ao meio e coloque as sementes na panela. Despeje o *curd* nas forminhas preparadas e transfira para o congelador por cerca de 2–3 horas ou até congelar.

Em segundo lugar, prepare o *financier* de chocolate:

2 Preaqueça o forno a 180°C. Prepare uma *beurre noisette* derretendo a manteiga em uma panela até escurecer, cerca de 10 minutos. Deixe esfriar até 40°C. Derreta o chocolate picado em banho-maria até atingir 45°C. Coloque o açúcar, o cacau em pó, as amêndoas moídas e a farinha em uma tigela e misture os ingredientes secos e as claras. Adicione a manteiga e o chocolate derretido e misture até ficar homogêneo. Acrescente a geleia e mexa bem. Transfira para um recipiente hermético e resfrie por 20 minutos. Coloque a mistura em um saco para confeitar, corte a ponta e pressione o conteúdo em forminhas de silicone para *financier* com 15 cavidades. Asse por cerca de 15–20 minutos, e deixe esfriar ligeiramente.

Enquanto isso, prepare a manga em calda:

3 Coloque a água, o açúcar e o gengibre ralado em uma panela e leve ao fogo até ferver. Enquanto isso, lave, descasque e retire o caroço da manga, e corte em cubos de 1 cm. Adicione a manga e as raspas e suco de limão à panela e continue a cozinhar por 2–3 minutos. Retire do fogo e deixe esfriar. Depois de esfriar, use a manga em calda ou armazene em um recipiente hermético na geladeira até o momento de usar.

Em seguida, prepare a geleia de brilho e a calda de rum

4 Para a geleia de brilho, coloque o purê de maracujá em uma panela. Raspe as sementes de baunilha e coloque, junto com a fava, na panela. Deixe ferver e continue a cozinhar até reduzir pela metade e então adicione o açúcar. Coloque a gelatina em água fria suficiente para cobrir, deixe demolhar por alguns segundos até amolecer, e então esprema qualquer excesso de líquido. Adicione a gelatina à panela e mexa para dissolver. Passe por uma peneira fina e deixe esfriar.

5 Para a calda, coloque a água, o açúcar e a baunilha em uma panela e leve ao fogo até ferver. Retire do fogo e deixe esfriar. Depois de fria, adicione o rum. Transfira para um recipiente hermético e resfrie até o momento de usar.

Para montar e finalizar:

6 Apare a base de cada *financier* e mergulhe na calda. Coloque a manga em calda nas cavidades dos *financiers*. Cuidadosamente, derreta a geleia de brilho de maracujá até atingir 40°C e depois resfrie até 26–28°C. Mergulhe o *curd* nessa geleia enquanto ainda estiver congelado e coloque sobre a manga. Resfrie por 30 minutos para permitir que o *curd* descongele. Decore com decorações de chocolate e folha de ouro comestível.

PÂTISSERIE 175

TORTA SACHER DE LARANJA E CHOCOLATE

Tendo recebido seu nome em homenagem ao criador, Franz Sacher, esta receita foi inventada em 1832 quando ele ainda era um jovem aprendiz e, desde então, se tornou uma sobremesa muito conhecida e popular, que pode ser encontrada na maioria das confeitarias. Na Áustria, a iguaria tem até seu próprio dia nacional (5 de dezembro). Houve uma longa batalha legal pela receita oficial das tortas Sacher, que sempre foi um segredo bem guardado. Esta é a nossa homenagem a ela, com alguns de nossos toques contemporâneos. Tradicionalmente, este bolo era preparado com geleia de damasco e servido com creme batido. Nós substituímos a geleia de damasco por geleia e ganache de laranja e usamos o creme de leite para fazer uma camada de musse.

Rende cerca de 16 fatias

1 porção de Musse de chocolate – Método *anglaise* (ver p. 160)

Para o pão de ló Sacher
50 g (⅔ de xícara) de amêndoas moídas
50 g (¼ de xícara) de açúcar refinado extrafino
75 g de claras (cerca de 2½ ovos)
60 g (⅓ de xícara generoso) de açúcar de confeiteiro (em pó/puro)
40 g de ovos inteiros (cerca de 1 ovo)
50 g de gemas (cerca de 2½ ovos)
25 g de chocolate meio-amargo fino (com 70% de sólidos de cacau), bem picado
25 g (2 colheres de sopa) de manteiga sem sal
25 g de farinha de trigo comum, peneirada
15 g (1 colher de sopa) de cacau em pó, peneirado

Para o páo de ló de Alhambra
100 g (1 tablete) de manteiga sem sal
25 g de farinha de trigo comum, peneirada
25 g de amido de milho
30 g (¼ de xícara) de cacau em pó
200 g de ovos inteiros (cerca de 4 ovos)
50 g de gemas (cerca de 2½ ovos)
80 g (⅓ de xícara) de açúcar refinado extrafino

Para a geleia de laranja
Casca de 2 laranjas, sem o albedo (parte branca)
400 g de polpa de laranja, sem a pele que separa os gomos (cerca de 3–4 laranjas pequenas)
120 mL (½ xícara) de suco de laranja
330 g de açúcar gelificante

Para a calda de licor Grand Marnier
170 g (¾ de xícara) de açúcar refinado extrafino
180 mL (¾ de xícara) de água
½ fava de baunilha, cortada ao meio no sentido do comprimento
150 mL (⅔ de xícara) de Grand Marnier

Para a ganache de laranja
75 g de chocolate meio-amargo fino (com 65% de sólidos de cacau), picado
75 g de chocolate ao leite fino, bem picado
200 mL (¾ de xícara generosos) de suco de laranja
20 g de açúcar refinado extrafino
25 g de manteiga sem sal, em cubos

Para a geleia de brilho de laranja e chocolate
50 g de chocolate meio-amargo fino (com 70% de sólidos de cacau), bem picado
6 g (1 colher de chá) de gelatina em folha
500 mL (2 xícaras) de suco de laranja
½ fava de baunilha, cortada ao meio no sentido do comprimento
40 g de açúcar refinado extrafino

Para finalizar
Decorações de chocolate (ver p. 152–157)
Folha de ouro comestível (opcional)

Notas:
- Você irá precisar de dois aros modeladores de 37 × 9 × 4 cm.
- Os dois pães de ló podem ser preparados com antecedência e congelados.

Primeiro, prepare o pão de ló Sacher:

1 Preaqueça o forno a 180°C. Forre uma assadeira rasa de 25,5 × 30 cm com um tapete de silicone antiaderente. Bata as amêndoas moídas, o açúcar refinado e 20 g de claras em uma tigela. Aos poucos, acrescente 30 g de açúcar de confeiteiro até obter uma mistura homogênea, e então junte vagarosamente os ovos inteiros e as gemas e bata por 4–5 minutos até que fiquem lisos e leves. Em outra tigela, bata o restante das claras e, aos poucos, adicione o restante do açúcar de confeiteiro. Bata até obter um merengue em ponto de neve mole (ver p. 218).

2 Derreta o chocolate em banho-maria, depois retire do fogo e acrescente a manteiga sem sal. Mexa até ficar homogêneo, adicione a mistura de amêndoa e bata. Acrescente a farinha e o cacau em pó ao chocolate e mexa até obter uma mistura homogênea, e finalmente incorpore o merengue. Espalhe a mistura em uma assadeira rasa e asse por cerca de 15 minutos no forno ou até que o pão de ló volte à posição inicial quando levemente pressionado. Desenforme e deixe esfriar sobre uma aramado.

Segundo, prepare o pão de ló de Alhambra:

3 Preaqueça o forno a 180°C. Forre duas assadeiras rasas de 25,5 × 30 cm com tapetes de silicone antiaderente. Derreta a manteiga em uma panela e coloque a farinha, o amido e o cacau em pó em uma tigela. Aqueça os ovos, as gemas e o açúcar em banho-maria

continua

Torta Sacher de laranja e chocolate
continuação

até atingir 40°C, misturando sempre até chegar ao ponto de creme (ver p. 218). Transfira este *sabayon* para uma tigela grande.

4 Adicione uma pequena quantidade do *sabayon* à manteiga derretida e misture até ficar homogêneo, depois incorpore dois terços da farinha, o amido e o cacau em pó ao restante do *sabayon*. Lentamente, acrescente a mistura de manteiga e continue a juntar os ingredientes secos até formar uma mistura homogênea. Espalhe nas assadeiras preparadas com uma espátula e asse por 12–15 minutos até que o pão de ló volte à posição normal quando delicadamente pressionado. Desenforme e deixe esfriar sobre um aramado.

Em seguida, prepare a geleia de laranja:

5 Coloque a casca e a polpa picada da laranja em uma panela junto com o suco de laranja e o açúcar gelificante. Leve ao fogo até ferver e cozinhe lentamente por 5 minutos. Transfira para um processador de alimentos e bata por 5 minutos até ficar homogêneo, depois leve de volta à panela e deixe ferver. Cozinhe por 3–4 minutos em fogo baixo. Reserve para esfriar ligeiramente.

Para a calda de Grand Marnier:

6 Coloque o açúcar e a água em uma panela. Raspe as sementes de baunilha e coloque, junto com a fava, na água. Leve ao fogo até ferver, deixe esfriar e então adicione o Grand Marnier. Coe.

Para a ganache de laranja:

7 Coloque o chocolate em uma tigela grande. Despeje o suco de laranja em uma panela e leve ao fogo até ferver. Cozinhe, sem tampar, até reduzir para 90 mL (⅓ de xícara). Adicione o açúcar e leve ao fogo até ferver e, aos poucos, despeje sobre o chocolate picado, mexendo para formar uma emulsão. Acrescente a manteiga e mexa até ficar homogêneo.

Finalmente, a geleia de brilho de laranja e chocolate:

8 Coloque a gelatina em água fria suficiente para cobrir, deixe demolhar por alguns minutos até amolecer e esprema qualquer excesso de líquido. Coloque o suco de laranja em uma panela com a baunilha e leve ao fogo até levantar fervura. Cozinhe, sem tampar, até reduzir para 250 mL (1 xícara). Acrescente o açúcar e deixe ferver novamente, depois retire do fogo, adicione a gelatina e mexa até dissolver. Passe por uma peneira fina sobre uma tigela contendo o chocolate picado, e mexa até obter uma mistura homogênea. Use imediatamente ou armazene em um recipiente hermético na geladeira até o momento de usar.

Para montar e finalizar:

9 Corte 2 retângulos do pão de ló Sacher e 4 retângulos do pão de ló de Alhambra de modo a caberem nos aros (ver Notas, p. 175). Talvez seja necessário unir pedaços dos bolos para adequar o tamanho.

10 Para cada aro, coloque um pão de ló Sacher na base e embeba com a calda de Grand Marnier. Espalhe a ganache de laranja uniformemente na superfície superior da torta, e depois resfrie por 10 minutos. Coloque um quarto de musse de chocolate sobre a ganache e depois um retângulo de pão de ló de Alhambra. Embeba com a calda e leve à geladeira por 10 minutos. Espalhe metade da geleia, e então cubra com os pães de ló de Alhambra, regue com a calda e resfrie por 10 minutos. Cubra com o restante da musse de chocolate, nivele com uma espátula e transfira para o congelador para endurecer, de preferência por toda a noite.

11 Desenforme as tortas Sacher. Aqueça delicadamente a geleia de brilho (se necessário) e espalhe generosamente sobre a torta. Deixe firmar por cerca de 1 hora, e corte em fatias de 4 cm. Apare as extremidades. Coloque em um prato para servir e guarneça com decorações de chocolate e folha de ouro comestível.

FLORESTA NEGRA

Este bolo alemão recebeu este nome por que o kirsch, tradicionalmente usado em seu preparo, era produzido na região da Floresta Negra. É uma sobremesa bastante retrô – muito popular na década de 1970 – e eu adoro tentar recriar clássicos desgastados e dar a eles outro toque de vida, tornando-os tão estimulantes como o foram na primeira vez. Estava sempre presente nos cardápios do restaurante The River, na The Savoy, onde trabalhei para Anton Edelmann. O mais importante são ingredientes de boa qualidade – se usar os melhores, o resultado certamente será muito bom.

Rende 4 unidades de 4-6 porções cada uma

1 porção de **Musse de chocolate** – Método *anglaise* (ver p. 160)
½ porção de **pão de ló de Alhambra** (ver p. 175)
1 porção de **calda de *kirsch*** (ver p. 193)

Para o pão de ló *moelleux*
45 g de chocolate meio-amargo fino (com 65% de sólidos de cacau), bem picado
50 g (⅓ de xícara) de açúcar de confeiteiro (em pó/puro), peneirado
20 g (1 colher de sopa) de cacau em pó, peneirado
110 g (1⅓ de xícara) de amêndoas moídas
10 g de amido de milho
85 g (⅓ de xícara generoso) de açúcar refinado extrafino
90 mL (⅓ de xícara) de leite
55 g de gemas (quase 3 ovos)
160 g de claras (cerca de 8 ovos)

Para a musse de chocolate branco e *kirsch*
8 g de folha de gelatina
140 mL (½ xícara generosa) de leite
½ fava de baunilha, cortada ao meio no sentido do comprimento
175 g de chocolate branco fino, bem picado
50 mL (3 colheres de sopa) de *kirsch*
200 mL (¾ de xícara generosos) de creme de leite fresco para chantilly (com 30% de gordura)

Para a compota de cereja
12 g (2 colheres de chá) de pectina em pó
35 g de açúcar refinado extrafino
¼ de pau de canela
200 g de cerejas inteiras (frescas ou congeladas), sem caroço e picadas grosseiramente
100 g de purê de cereja industrializado (*ou* seguir a receita de purê de cassis na p. 124, substituindo por cereja)

Para finalizar
1 porção de **Mistura de chocolate e manteiga de cacau** (ver p. 29)
Decorações de chocolate (ver p. 152–157)
Cerejas Griottine
Folha de ouro comestível

Notas:
- Você irá precisar de quatro fôrmas para bolo com bolhas de 14,5 × 4 cm e uma pistola para pulverização.
- Os dois pães de ló podem ser preparados com antecedência e congelados.
- Todos os outros componentes devem ser feitos no mesmo dia.

Primeiro, faça o pão de ló *moelleux*:

1 Preaqueça o forno a 180°C e forre uma assadeira rasa com um tapete de silicone antiaderente. Derreta o chocolate em banho-maria até atingir 45°C. Coloque o açúcar de confeiteiro e o cacau em pó peneirados em uma tigela e acrescente as amêndoas moídas.

2 Em uma panela, misture o amido e 30 g do açúcar refinado extrafino, adicione o leite e forme uma pasta. Cozinhe em fogo baixo por 2 minutos, mexendo sempre até engrossar. Retire do fogo e acrescente as gemas. Adicione metade do chocolate derretido e misture bem. Aos poucos, junte o restante do chocolate e mexa até ficar homogêneo.

3 Em uma tigela, bata lentamente as claras, acrescentando o restante do açúcar e aumentando a velocidade aos poucos. Continue a bater até formar um merengue em ponto de neve mole. Outra opção é bater as claras em um *mixer* equipado com batedor de claras. Incorpore o merengue à mistura de chocolate e acrescente os ingredientes secos. Coloque em um saco para confeitar adaptado com um bico liso de 12 mm e modele 4 discos de 15 cm na assadeira preparada. Asse por cerca de 15 minutos até as bordas ficarem ligeiramente mais firmes, e deixe esfriar sobre um aramado.

Depois, prepare a musse de chocolate branco e *kirsch*:

4 Demolhe a gelatina em água suficiente apenas para cobrir, por alguns minutos, até amolecer, e então esprema delicadamente para retirar o excesso. Coloque o leite em uma panela. Raspe as sementes de baunilha e coloque, junto com a fava, no leite. Deixe ferver. Desligue o fogo, adicione a gelatina e mexa até dissolver. Passe

continua

Floresta Negra
continuação

por uma peneira sobre uma tigela contendo o chocolate branco picado, e mexa até derreter e incorporar totalmente. Acrescente o *kirsch* e deixe engrossar, mexendo ocasionalmente.

5 Bata ligeiramente o creme de leite até obter um creme mais espesso e aerado, depois junte à mistura de chocolate branco e *kirsch*. Coloque em um recipiente hermético e resfrie na geladeira por pelo menos 1 hora ou até o momento de usar.

Enquanto isso, prepare a compota de cereja:

6 Junte a pectina e o açúcar em uma tigela. Coloque o pau de canela, as cerejas picadas e o purê de cereja em uma panela e leve ao fogo até levantar fervura. Misture o açúcar e a pectina e cozinhe por 2–3 minutos em fogo baixo. Deixe esfriar.

Para montar e finalizar:

7 Corte o pão de ló de Alhambra em 4 discos de 12 cm de diâmetro. Coloque a musse de chocolate meio-amargo fino nas 4 fôrmas para bolo com fundo de bolhas (ver Notas, p. 177), enchendo até um quarto de cada uma (cerca de 250 g, em cada). Use uma espátula para espalhar uniformemente a musse e preencher todos os espaços e lados da fôrma. Leve ao congelador para firmar por 10 minutos.

8 Coloque a musse de chocolate branco e *kirsch* em um saco para confeitar, corte a ponta e pressione fazendo uma camada sobre a musse de chocolate meio-amargo (cerca de 100 g em cada). Coloque novamente no congelador, por mais 10 minutos.

9 Espalhe uma camada generosa de compota de cereja sobre a musse. Coloque o disco de pão de ló de Alhambra sobre a compota em cada fôrma e regue livremente com a calda de *kirsch*. Espalhe uma camada fina de musse de chocolate meio-amargo sobre o pão de ló. Finalmente, coloque pão de ló *moelleux* sobre cada fôrma e pincele livremente com mais calda de *kirsch*. Leve as fôrmas ao congelador e deixe firmar por toda a noite.

10 Para desenformar, mergulhe as fôrmas em uma tigela com água quente por não mais que 30 segundos. Vire-as sobre uma assadeira rasa forrada com uma folha de silicone ou papel-manteiga, retire a fôrma e leve a assadeira de volta ao congelador por 20 minutos.

11 Para pulverizar, coloque a assadeira em uma área livre. Encha a pistola para pulverização com a mistura de chocolate e manteiga de cacau e, de uma distância de cerca de 1 metro, pulverize os *entremets* com um movimento contínuo, virando para cobrir por igual.

12 Coloque os *entremets* em uma bandeja e leve à geladeira por 2–3 horas antes de servir. Decore com quadrados e espirais de chocolate, cerejas griottine e folha de ouro.

ENTREMET DE CHOCOLATE AO LEITE, CASSIS E PERA

Este entremet *foi criado depois de uma visita a uma das melhores chocolateries de Paris.*

Rende 4 unidades de 4 porções cada uma

- ½ porção de **amêndoas cristalizadas** (siga a receita de *Suisse rochers*, na página 102, até o final do passo 4)
- ½ porção de *Dacquoise* de **amêndoas e avelãs** (ver p. 36–37)
- 1 porção de **pão de ló** (*génoise*) (ver p. 126)
- ½ porção de **compota de cassis** [ver compota de cereja na p. 177: prepare com 100 g de cassis, 200 g de purê de cassis, 5 g (1 colher de chá) de pectina e 35 g de açúcar refinado extrafino]
- 1 porção de **musse de cassis** [ver musse de damasco na p. 170: prepare com 125 g de purê de cassis, 150 mL (⅔ de xícara) de creme de leite, 4 g (¾ colher de chá) de folhas de gelatina e 25 g de açúcar]
- 2 porções de **glaçage de chocolate** (ver p. 165), preparada com 400 g de chocolate ao leite e excluindo o açúcar
- Decorações de chocolate (ver p. 152–157) e uma folha de ouro comestível, para finalizar

Para as peras em calda de vinho tinto
- 350 mL (1½ xícara rasa) de vinho tinto
- 60 g (¼ de xícara) de açúcar refinado extrafino
- ½ fava de baunilha, cortada ao meio no sentido do comprimento
- 3 peras descascadas, sem miolo e cortadas em quartos

Para a musse de chocolate ao leite
- 2 g (¼ de colher de chá) de gelatina em folha
- 75 mL (⅓ de xícara raso) de leite
- 345 mL (1⅓ de xícara) de creme de leite fresco para chantilly (com 30% de gordura)
- 30 g de gemas (cerca de 1½ ovo)
- 20 g de açúcar refinado extrafino
- 310 g de chocolate ao leite fino, bem picado

Primeiro, prepare as peras em calda:

1 Coloque o vinho tinto, a água e o açúcar em uma panela. Raspe as sementes de baunilha e coloque-as, junto com a fava, na panela, e deixe até levantar fervura; depois baixe o fogo e cozinhe lentamente. Adicione as peras à calda cozinhando em fogo brando e coloque em cima um disco de folha de silicone ou papel-manteiga. Cozinhe em fogo brando por cerca de 30 minutos ou até amolecerem. Tire do fogo, resfrie e coloque em um recipiente hermético. Armazene na geladeira por toda a noite.

Em segundo lugar, prepare a musse de chocolate:

2 Demolhe a gelatina em água suficiente para cobrir, por alguns minutos, até amolecer, e então esprema delicadamente para retirar o excesso de líquido. Reserve. Coloque o leite e 50 mL (3 colheres de sopa) do creme de leite em uma panela e leve ao fogo até levantar fervura.

3 Em outra tigela, batas as gemas e o açúcar até obter uma mistura de cor clara, cerca de 2–3 minutos. Despeje metade do leite fervido sobre a mistura de gemas, combine bem, e depois leve de volta à panela com o restante do leite. Cozinhe em fogo baixo, mexendo sempre, até que a mistura esteja espessa o bastante para cobrir o dorso de uma colher. Retire do fogo, adicione a gelatina e misture até incorporar completamente. Passe por uma peneira sobre uma tigela contendo o chocolate picado, mexa até incorporar totalmente e deixe esfriar.

> **Notas:**
> - Você irá precisar de quatro anéis ovais de 14,5 × 7 cm.
> - A *dacquoise* e o pão de ló podem ser preparados com antecedência e congelados.

Bata ligeiramente o restante do creme de leite e junte à mistura de chocolate. Use imediatamente.

4 Corte 4 ovais da *dacquoise* de amêndoas e avelãs para que caibam nos anéis (ver Nota, nesta página) e coloque uma delas na base de cada anel. Corte 4 ovais de pão de ló (*génoise*), cerca de 1 cm menores e reserve. Para cada anel, espalhe um quarto da compota de cassis sobre a base de *dacquoise*. Coloque cerca de 100 g de musse de chocolate ao leite em cada anel e use uma espátula angular pequena para fazer uma camada fina sobre a base e os lados dos anéis. Transfira para o congelador por cerca de 20 minutos para firmar. Retire as peras da calda e deixe escorrer sobre um pano, para remover qualquer excesso de líquido. Corte em cubos de 1,5 cm.

5 Coloque o pão de ló reservado nos anéis, pincele com a calda do cozimento e distribua as peras uniformemente na superfície superior do pão de ló. Coloque a musse de cassis em um saco para confeitar, corte a ponta e encha os anéis até atingir 2 cm da borda. Cubra cada um com um quarto do restante da musse de chocolate, usando uma espátula para eliminar as bolsas de ar e nivelar a superfície. Leve de volta ao congelador e deixe firmar, de preferência por toda a noite.

6 Desenforme os *entremets* e leve de volta ao congelador. Aqueça lentamente a cobertura de chocolate até atingir 40°C e depois resfrie até cerca de 28–30°C. Retire do congelador e coloque sobre um aramado posicionado sobre uma bandeja. Despeje a cobertura sobre os *entremets*, assegurando-se que todos os lados estejam cobertos. Resfrie por cerca de 1 hora até firmar. Retire do aramado usando uma espátula e coloque em um prato para servir. Disponha as amêndoas em volta da base dos *entremets*. Finalize com decorações de chocolate e folha de ouro.

TORTA DÉLICE DE FRAMBOESA

A acidez da framboesa contrasta incrivelmente com a intensidade do chocolate nesta tradicional iguaria francesa.

Rende cerca de 16 fatias

1 porção de **calda de *kirsch*** (ver p. 193)
1 porção de **ganache de framboesa** (ver ganache de laranja na p. 175), preparada com 200 g de purê de framboesa em vez do suco de laranja reduzido e 35 g de açúcar refinado extrafino
1 porção de **compota de framboesa** (ver compota de cereja na p. 177), preparada com 100 g de framboesas, 100 g de purê de framboesa e 30 g de açúcar gelificante
1 porção de **Musse de chocolate – Método *anglaise*** (ver p. 160)

Para o pão de ló amanteigado de chocolate

115 g de chocolate meio-amargo fino (com 66% de sólidos de cacau), bem picado
60 g (5 colheres de sopa) de manteiga sem sal, em cubos
50 g de gemas (cerca de 2½ ovos)
115 g de claras (cerca de 4 ovos)
60 g (¼ de xícara) de açúcar refinado extrafino
20 g de farinha de trigo comum, peneirada

Para o pão de ló de chocolate sem farinha de trigo

200 g de claras (cerca de 6½ ovos)
180 g (¾ de xícara) de açúcar refinado extrafino
130 g de gemas (cerca de 6 ovos)
60 g (⅔ de xícara rasos) de cacau em pó, peneirado

Para a geleia de brilho de framboesa com sementes

5 g (¾ de colher de chá) de gelatina em folha
30 g de açúcar refinado extrafino
50 mL (3 colheres de sopa) de água
100 g de purê de framboesa (seguir modo de preparo do purê de cassis, na p. 124)
75 g de framboesas

Para finalizar

Decorações de chocolate (ver p. 152–157)
Folha de ouro comestível
Framboesas frescas

Primeiro, prepare o pão de ló amanteigado de chocolate:

1. Preaqueça o forno a 180°C e forre uma assadeira rasa de 25,5 × 30 cm com um tapete de silicone antiaderente. Derreta o chocolate picado em banho-maria. Acrescente a manteiga em cubos e misture até derreter e incorporar completamente. Junte as gemas e misture até ficar homogêneo.

2. Em uma tigela, bata as claras, acrescentando o açúcar e aumentando a velocidade aos poucos. Continue a bater até formar um merengue em ponto de neve mole. Outra opção é usar um *mixer* equipado com batedor para claras. Incorpore o merengue à mistura de chocolate e acrescente a farinha. Espalhe uniformemente na assadeira preparada. Asse por 15–18 minutos até que o bolo volte à posição inicial quando levemente pressionado. Deixe esfriar sobre um aramado.

Em segundo lugar, prepare o pão de ló sem farinha de trigo:

3. Preaqueça o forno a 200°C e forre duas assadeiras rasas de 25,5 × 30 cm com tapetes de silicone antiaderentes. Em uma tigela, bata as claras, acrescentando o açúcar e aumentando a velocidade aos poucos. Continue a bater até formar um merengue em ponto de neve mole. Outra opção é usar um *mixer* equipado com batedor para claras. Aos poucos, acrescente as gemas e mexa até incorporar completamente. Junte o cacau em pó. Espalhe nas assadeiras preparadas e asse por 10–12 minutos. Deixe esfriar sobre um aramado.

Em seguida, prepare a geleia de brilho de framboesa:

4. Demolhe a gelatina em água suficiente para cobrir, por alguns minutos, até amolecer, e então esprema para retirar o excesso de líquido. Coloque o açúcar, a água, o purê de framboesa e as framboesas inteiras em uma panela e leve ao fogo até ferver. Mexa para quebrar as framboesas. Retire do fogo, adicione a gelatina e mexa para dissolver. Deixe esfriar e então armazene em um recipiente hermético até o momento de usar.

Para montar e finalizar:

5. Você irá precisar de dois aros modeladores de 37 × 9 × 4 cm. Corte 2 retângulos do pão de ló amanteigado de chocolate e 4 retângulos do pão de ló sem farinha de trigo para que caibam nos aros – talvez seja necessário unir pedaços dos bolos para adequar o tamanho.

6. Para cada aro, coloque o pão de ló de chocolate na base, embeba com a calda de *kirsch* e espalhe metade da ganache de framboesa uniformemente sobre a superfície. Resfrie por 10 minutos. Coloque um retângulo de pão de ló sem farinha de trigo sobre a ganache e regue generosamente com mais calda de *kirsch*. Espalhe uma camada fina de compota de framboesa por cima. Faça outra camada com a musse de chocolate e use uma espátula angular para espalhar uniformemente. Coloque uma camada final de pão de ló de chocolate sem farinha de trigo, regue generosamente com a calda de *kirsch* e espalhe uma camada fina de compota por cima. Cubra com o restante da musse de chocolate, nivele com uma espátula e leve ao congelador para firmar, de preferência por toda a noite.

7. Para finalizar, desenforme os *entremets*. Aqueça delicadamente a geleia de brilho (se necessário) e espalhe generosamente sobre a torta. Resfrie por cerca de 1 hora para firmar e corte em fatias de 4 cm. Apare as extremidades. Coloque em um prato para servir e guarneça com decorações de chocolate, folha de ouro comestível e framboesas frescas.

ENTREMET DE CHOCOLATE MEIO-AMARGO E CHÁ VERDE

Esta combinação se originou em uma de nossas inúmeras visitas a confeitarias no Japão. Fomos inspirados pela recente onda de pâtissiers japoneses inovadores, cuja atenção aos detalhes na reprodução da pâtisserie francesa clássica é espantosa. Eles estão liderando uma revolução, pois a pâtisserie tem se tornado uma parte cada vez mais importante da cultura japonesa. Os sabores cítricos do yuzu e da laranja combinam perfeitamente com o crème brûlée com chá verde e a musse de chocolate.

Rende 15 porções

1 porção de pão de ló de chocolate sem farinha de trigo (ver p. 182)
1 porção de calda de licor Grand Marnier (ver p. 175)
1 porção de Musse de chocolate – Método *sabayon* (ver p. 161)
1 porção de geleia de laranja (ver p. 126), mas substituindo 100 g de laranjas por *yuzu* fresco (ou uma mistura de metade limão e metade tangerina)
Decorações de chocolate (ver p. 152–157) e uma folha de ouro comestível, para finalizar

Para o *crème brûlée* com chá verde

250 g (1 xícara) de creme de leite fresco para chantilly
½ fava de baunilha, cortada ao meio no sentido do comprimento
50 g de gemas (cerca de 2½ ovos)
40 g de açúcar refinado extrafino
6 g (1 colher de chá) de *matcha* (chá verde em pó)

Para a pralina *feuillantine*

150 g de chocolate ao leite fino (com 32% de sólidos de cacau), bem picado
115 g de Pasta pralina (ver p. 158–159)
140 g de biscoitos *feuillantine* (ver p. 218)

Para a glaçage de chocolate

18 g de gelatina em folha
235 mL (1 xícara rasa) de água
300 g (1⅓ de xícara) de açúcar refinado extrafino
100 g (1 xícara) de cacau em pó, peneirado
170 mL (⅔ de xícara) de creme de leite fresco para chantilly

Primeiro, prepare o *crème brûlée* com chá verde:

1 Preaqueça o forno a 130°C e coloque um tapete de silicone com cavidades de 1,5 cm em uma assadeira rasa. Coloque o creme de leite em uma panela, raspe as sementes de baunilha e coloque, junto com a fava, na panela. Deixe levantar fervura. Enquanto isso, coloque as gemas em uma tigela, adicione o açúcar e o *matcha* em pó e bata até clarear.

2 Coloque metade do creme quente na mistura de gemas e mexa. Acrescente o restante do creme, depois passe por uma peneira fina. Despeje a mistura nas cavidades, encha a assadeira com água até quase a borda do molde e asse por 15–20 minutos ou até que o creme tenha firmado e, se agitado delicadamente, a parte central se movimente como uma gelatina. Deixe esfriar, depois retire cuidadosamente o tapete da assadeira, coloque em outra assadeira e leve ao congelador por cerca de 2–3 horas ou até congelar.

> **Notas:**
> • Você irá precisar de 15 aros triangulares de metal que tenham 4,5 cm de profundidade com lados de 6,5 cm.
> • O pão de ló, a geleia e o *brûlée* podem ser preparados com antecedência. O pão de ló pode ser congelado e a geleia deve ser mantida na geladeira.
> • Todos os outros componentes devem ser feitos no mesmo dia.

Em segundo lugar, prepare a pralina *feuillantine*:

3 Derreta o chocolate em banho-maria até atingir 45°C. Misture a pasta pralina e o biscoito *feuillantine*. Espalhe uma camada de 3 mm de espessura em uma assadeira rasa forrada com uma folha de silicone ou papel-manteiga. Deixe firmar, quebre em pedaços pequenos ou fragmentos e armazene em um recipiente hermético até o momento de usar.

Em seguida, prepare a glaçage de chocolate:

4 Demolhe a gelatina em água suficiente apenas para cobrir, por alguns minutos, até amolecer, e então esprema delicadamente para retirar o excesso. Coloque a água e o açúcar em uma panela, leve ao fogo até ferver e continue a cozinhar em fogo baixo por 2–3 minutos. Adicione o cacau em pó peneirado e o creme de leite. Leve ao fogo para ferver novamente e cozinhe em fogo brando por 4–5 minutos. Retire do fogo, acrescente a gelatina e mexa até dissolver. Passe por uma peneira fina e deixe esfriar.

Para montar e finalizar:

5 Desenforme o *crème brûlée* congelado e leve de volta ao congelador. Corte 15 triângulos de pão de ló de chocolate sem farinha de trigo para que caibam na base do aro triangular (ver Nota, ao lado). Use um cortador redondo de 3,5 cm para fazer 15 discos com o pão de ló sem farinha de trigo, para o centro dos *entremets*.

continua

Entremet de chocolate meio-amargo e chá verde
continuação

6 Coloque uma base de pão de ló sem farinha em cada aro triangular e regue com a calda de Grand Marnier. Cubra com musse de chocolate e alinhe a base e os lados dos moldes por igual, usando uma espátula pequena.

7 Coloque 3 pedaços pequenos de pralina *feuillantine* no centro de cada musse. Então, cubra com um disco de pão de ló e regue com mais calda de Grand Marnier. Coloque uma colher bem cheia de geleia de *yuzu* e laranja sobre cada disco de pão de ló e cubra com o *crème brûlée* de chá verde. Cubra os aros com a musse de chocolate e nivele com uma espátula. Leve ao congelador por cerca de 2–3 horas ou até congelar.

8 Desenforme os *entremets* e leve de volta ao congelador. Derreta lentamente a glaçage de chocolate até atingir cerca de 40–45°C e depois deixe esfriar até 23–25°C. Retire os *entremets* do congelador e coloque sobre um aramado posicionado sobre uma assadeira (ver foto ao lado). Despeje a glaçage de chocolate sobre os *entremets*, assegurando-se de que todos os lados estejam cobertos. Deixe firmar por cerca de 1 hora na geladeira. Usando uma espátula angular pequena, retire os *entremets* do aramado e coloque em um prato para servir. Finalize com decorações de chocolate e ouro comestível.

PARIS BREST DE CHOCOLATE E PRALINA

Esta maravilhosa iguaria foi criada para celebrar a corrida de bicicletas entre Paris e Brest, que remonta a 1891. A dúvida quanto ao verdadeiro criador permanece, mas ele era, sem dúvida, um confeiteiro muito habilidoso. Ao assistir à primeira corrida, ficou tão inspirado que criou esta massa choux em formato de pneu, recheada com creme de confeiteiro com pralina e creme chantilly, imitando as câmaras de ar, recém-inventadas, e coberta com amêndoas tostadas e açúcar de confeiteiro, representando a poeira da estrada. Esta Rosquinha dos Campeões logo se tornou a favorita entre os competidores e atualmente está presente em muitas confeitarias por toda a França.

Rende 15–16 porções

Para a massa *choux*
- 125 mL (½ xícara) de água
- 125 mL (½ xícara) de leite
- 125 g de manteiga sem sal, cortada em cubos
- 12 g de açúcar refinado extrafino
- 160 g (1 xícara) de farinha de trigo comum, peneirada
- 2 g (¼ de colher de chá) de sal
- 250 g de ovos inteiros (cerca de 5 ovos), batidos
- Ovo para pincelar (ver p. 144)
- 100 g (1 xícara) de amêndoas em flocos

Para o creme de pralina
- 225 mL (1 xícara rasa) de creme de leite fresco para chantilly
- 100 mL (⅓ de xícara generoso) de leite
- 80 g de gemas (cerca de 4 ovos)
- 30 g de açúcar refinado extrafino
- 180 g de chocolate meio-amargo fino (com 65% de sólidos de cacau), bem picado
- 75 g de *gianduia*, bem picado
- 75 g de **Pasta pralina** (ver p. 158–159)
- 25 g de manteiga sem sal, amolecida

Para o creme de confeiteiro com chocolate
- 500 mL (2 xícaras) de leite
- ½ fava de baunilha, cortada ao meio no sentido do comprimento
- 120 g de gemas (cerca de 6 ovos)
- 100 g (½ xícara generosa) de açúcar refinado extrafino
- 40 g (⅓ de xícara raso) de farinha de trigo comum, peneirada
- 40 g (¼ de xícara) de cacau em pó
- 50 g de chocolate meio-amargo fino (com 70% de sólidos de cacau)

Para finalizar
- 80 g (¾ de xícara) de avelãs, picadas grosseiramente
- 2 porções de **creme chantilly** (ver p. 162)
- Açúcar de confeiteiro (em pó/puro), para polvilhar
- **Decorações de chocolate** (ver p. 152–157)

Notas:
- Você pode acabar preparando mais massa *choux* do que o necessário – a massa excedente pode ser assada em anéis e depois armazenada em recipiente hermético, no congelador (mas, antes de usar, ela deve ser levada ao forno para ficar crocante).

Primeiro, prepare a massa *choux*:

1 Preaqueça o forno a 200°C. Aqueça a água, o leite, a manteiga e o açúcar em uma panela. Deixe ferver por cerca de 1 minuto. Retire a panela do fogo e adicione a farinha e o sal peneirados. Use uma espátula para mexer até combinar perfeitamente. Leve a panela de volta ao fogo e continue mexendo em fogo baixo com uma espátula até que a massa se solte dos lados da panela. Retire do fogo e deixe a massa esfriar, por 2–3 minutos, mexendo ocasionalmente.

2 Aos poucos, adicione os ovos batidos à massa e misture até ficar homogênea. Coloque a massa em um saco para confeitar adaptado com um bico liso de 14 mm. Faça 15–16 anéis, medindo 6 cm de diâmetro, em uma assadeira rasa forrada com um tapete de silicone antiaderente (talvez seja necessário fazer várias fornadas). Com cuidado, pincele os anéis com ovo. Polvilhe com as amêndoas em flocos, e remova os excessos.

3 Asse por 20 minutos. Baixe a temperatura para 160°C e asse por mais 10–15 minutos até dourar. Não abra o forno durante o cozimento, pois as rosquinhas podem murchar. Retire do forno e deixe esfriar sobre um aramado.

continua

Paris Brest de chocolate e pralina
continuação

Em segundo lugar, prepare o creme de pralina:

4 Em uma panela, aqueça o creme de leite e o leite até ferver. Em uma tigela, bata as gemas e o açúcar até obter uma mistura de cor clara, cerca de 2–3 minutos. Despeje metade do líquido fervente na mistura de ovos, mexa até combinar bem e então coloque tudo de volta para a panela. Mexa sem parar até que o creme de ovos esteja espesso o bastante para cobrir o dorso de uma colher, cuidando para não cozinhar demais. Retire do fogo, passe por uma peneira fina sobre uma tigela contendo o *gianduia* picado e a pasta pralina, e mexa até incorporar totalmente. Coloque a manteiga e misture até ficar homogêneo. Despeje em um prato raso, envolva com filme plástico, resfrie rapidamente e reserve para firmar bem.

Em terceiro lugar, prepare o creme de confeiteiro com chocolate

5 Coloque o leite e metade da fava de baunilha em uma panela e leve ao forno até ferver. Em uma tigela, bata as gemas e o açúcar. Continue a bater até que a mistura engrosse ligeiramente e fique mais clara, 2–3 minutos. Acrescente a farinha e o cacau peneirados e bata novamente até obter uma mistura homogênea.

6 Coloque metade do leite com a infusão em uma tigela e bata novamente até que não haja mais grumos. Passe por uma peneira fina e depois coloque junto com o restante do leite na panela. Bata a mistura até começar a ferver, depois baixe a temperatura e cozinhe em fogo brando. Continue a mexer e a cozinhar por mais 5–6 minutos.

7 Retire do fogo, adicione o chocolate e mexa até derreter completamente. Coloque o creme de confeiteiro em um prato raso ou bandeja, envolva com filme plástico e resfrie rapidamente.

Para montar e finalizar:

8 Preaqueça o forno a 180°C. Com cuidado, corte os anéis de *choux* ao meio, horizontalmente (se estiver usando anéis congelados, será preciso descongelar e levar ao forno por 2–3 minutos, para que fiquem crocantes), e coloque em assadeiras rasas. Leve ao forno por 1–2 minutos para ficarem crocantes. (Pule esta parte se estiver usando os anéis no mesmo dia em que foram preparados.) Retire e deixe esfriar.

9 Coloque o creme de pralina em um saco para confeitar adaptado com um bico liso de 12 mm e faça uma argola sobre cada base de *choux* em forma de anel. Polvilhe com as avelãs picadas.

10 Coloque o creme de confeiteiro com chocolate em um saco para confeitar adaptado com um bico liso de 12 mm e faça uma camada sobre o creme de pralina. Coloque o creme chantilly em outro saco para confeitar adaptado com um bico serra de 10 mm e faça espirais sobre o creme de confeiteiro.

11 Cubra com as outras metades de anel de *choux* e pressione para baixo levemente, para que fiquem firmes. Confeite uma *rosette* de creme chantilly sobre cada rosquinha, polvilhe ligeiramente com açúcar de confeiteiro e guarneça com decorações de chocolate.

TARTE DE CARAMELO SALGADO

O caramelo com sal marinho tem se tornado cada vez mais popular, e esta iguaria, que leva creme de caramelo com sal marinho e sorvete, foi criada para atender a esse interesse. A acidez das framboesas compensa o sabor forte do caramelo salgado, e o chocolate na superfície realça todo o conjunto. A massa de avelãs completa, proporcionando um contraste crocante.

Notas:
- Sobras de massa podem ser mantidas na geladeira por alguns dias, ou congeladas.
- Você irá precisar de 12 fôrmas para *tartelettes* de 7 cm de diâmetro e 3 cm de profundidade.

Rende 12 tortinhas

½ porção de **Caramelo com sal marinho** (ver p. 79)
75 g (½ xícara) de avelãs picadas
1 porção de **compota de framboesa** (ver p. 182)
Doze discos de chocolate de 6 cm (ver Técnicas para o preparo da folha de chocolate, p. 157)
Decorações de chocolate (ver p. 152–157), folha de ouro comestível, avelãs e framboesas picadas, para finalizar

Para a massa de avelãs e amêndoas

225 g (2¼ de tabletes) de manteiga sem sal, cortada em cubos
135 g (¾ de xícara) de açúcar de confeiteiro (em pó/puro), peneirado
50 g (⅔ xícara) de avelãs moídas
50 g (⅔ xícara) de amêndoas moídas
2 g (¼ de colher de chá) de sal
75 g de ovos (cerca de 1½ ovo), batidos
325 g (2¼ de xícaras) de farinha de trigo suave [para confeitaria], peneirada

Para a *dacquoise* de framboesa

125 g (1⅔ de xícara) de amêndoas moídas
60 g de açúcar de confeiteiro (em pó/puro)
30 g de farinha de trigo comum
160 g de claras (cerca de 5 ovos)
125 g (½ xícara generosa) de açúcar refinado extrafino
125 g de framboesas congeladas, picadas

Para o creme de chocolate meio-amargo

150 mL (⅔ de xícara) de creme de leite fresco para chantilly
75 mL (⅓ de xícara raso) de leite
55 g de gemas (cerca de 3 ovos)
25 g de açúcar refinado extrafino
160 g de chocolate meio-amargo fino (com 66% de sólidos de cacau), grosseiramente picado
15 g de manteiga sem sal, amolecida

Primeiro, prepare a massa:

1. Coloque a manteiga em uma tigela e adicione o açúcar de confeiteiro. Bata até obter um creme claro. Junte as oleaginosas moídas e o sal. Bata até ficar homogêneo. Aos poucos, adicione os ovos. Por último, acrescente a farinha e misture para formar uma massa lisa e homogênea. Coloque em uma assadeira rasa enfarinhada, envolva com filme plástico e resfrie por pelo menos 1 hora. Abra a massa em uma superfície ligeiramente enfarinhada até ficar com 3 mm de espessura e modele 12 bases para *tartelettes*. Faça furinhos nas bases e deixe descansar por pelo menos 1 hora.

Enquanto isso, prepare a *dacquoise*:

2. Preaqueça o forno a 160°C. Junte as amêndoas, o açúcar de confeiteiro e a farinha. Enquanto isso, na tigela de um *mixer*, bata as claras, acrescentando o açúcar e aumentando a velocidade gradativamente. Continue a bater até formar um merengue em ponto de neve firme (ver p. 218). Outra opção é bater manualmente. Acrescente os ingredientes secos e as framboesas ao merengue. Espalhe a mistura em uma assadeira com 25,5 × 30 cm forrada com uma folha de silicone ou papel-manteiga. Asse por 18–20 minutos. Deixe esfriar, e então corte em discos de 5 cm usando um cortador liso.

Em seguida, prepare o creme de chocolate:

3. Coloque o creme de leite e o leite em um panela e leve ao fogo até levantar fervura. Enquanto isso, bata as gemas com o açúcar em uma tigela até que a mistura fique clara, cerca de 2–3 minutos. Despeje metade do creme fervido sobre a mistura de gemas, combine bem, e depois leve de volta à panela. Cozinhe em fogo baixo até que o creme de ovos engrosse o bastante para cobrir o dorso de uma colher, cuidando para não cozinhar demais. Retire do fogo, passe por uma peneira fina sobre uma tigela contendo o chocolate picado e mexa lentamente até que o chocolate tenha derretido. Coloque a manteiga e misture até ficar homogêneo. Despeje em um prato raso, cubra com filme plástico e resfrie rapidamente até firmar.

Em seguida, asse a massa:

4. Preaqueça o forno a 180°C. Forre as bases para *tartelettes* com folha de silicone ou papel-manteiga e encha com pesinhos para assar. Asse por 12–15 minutos, retire os pesinhos e asse por mais 8–10 minutos. Reserve por 5 minutos, e então retire das fôrmas e deixe esfriar sobre um aramado.

Para montar e finalizar:

5. Coloque o caramelo com sal marinho em um saco para confeitar, corte a ponta e faça uma pequena gota no fundo de cada base. Polvilhe o caramelo com cerca de 1 colher de chá de avelãs picadas. Faça uma camada de compota de framboesa por cima, e depois um disco de *dacquoise* de framboesa. Confeite um anel de caramelo em volta da borda do disco e depois coloque um pouco de compota. Cubra com o disco de chocolate.

6. Mexa o creme de chocolate para soltar e coloque em um saco para confeitar adaptado com um bico liso de 7 mm. Confeite espirais sobre o chocolate. Decore com framboesas, decorações de chocolate, avelãs e folhas de ouro.

ÓPERA DE CHOCOLATE E PISTACHE

A primeira Ópera foi criada na década de 1930, por Louis Clichy, para uma recepção oferecida no Paris Opera House. Tradicionalmente, ela é preparada com camadas de pão de ló e creme de manteiga e aromatizada com chocolate e café. Em nossas receitas usamos pistache siciliano, cerejas e chocolate, e também um creme mousseline. Sendo uma empresa, acreditamos que treinar jovens aprendizes e chefs é muito importante, e esta sobremesa é uma ótima opção para o aprendizado dos novatos, pois abrange diversas habilidades básicas — a montagem do prato, mantendo um alto padrão, já é um grande desafio. Aprendi a preparar uma Ópera perfeita com Willie Pike, um amigo chef, também escocês.

Rende 14–16 fatias

2 porções de **glaçage de chocolate** (ver p. 165)
Decorações de chocolate (ver p. 152–157) e uma folha de ouro comestível, para finalizar

Para os *macarons* de pistache
(Rende cerca de 50 macarons pequenos)
120 g de claras (cerca de 4 ovos)
125 g (½ xícara generosa) de açúcar refinado extrafino
125 g (1⅔ de xícara) de amêndoas moídas
125 g (¾ de xícara) de açúcar de confeiteiro (em pó/puro)
35 g de **pasta de pistache** (ver p. 52)
Pistache picado, para decorar

Para o pão de ló *joconde* de pistache
50 g (⅔ de xícara) de amêndoas moídas
300 g (1⅓ de xícara) de açúcar refinado extrafino
200 g de claras (cerca de 7 ovos)
85 g de **pasta de pistache** (ver p. 52)
75 g (½ xícara) de açúcar de confeiteiro (em pó/puro)
60 g de gemas (cerca de 3 ovos)
100 g de amido de milho
45 g (4 colheres de sopa) de manteiga sem sal, derretida e fria

Para a calda de *kirsch*
180 mL (¾ de xícara) de água
170 g (¾ de xícara) de açúcar refinado extrafino
½ fava de baunilha, cortada ao meio no sentido do comprimento
150 mL (⅔ de xícara) de *kirsch*

Para o creme *mousseline* de pistache
335 mL (1⅓ de xícara) de leite
1 fava de baunilha, cortada ao meio no sentido do comprimento
80 g de gemas (cerca de 4 ovos)
65 g (¼ de xícara generoso) de açúcar refinado extrafino
35 g de farinha de trigo comum, peneirada
165 g (1⅔ de tablete) de manteiga sem sal, cortada em cubos e em temperatura ambiente
40 g de **pasta de pistache** (ver p. 52)

Para a ganache de cereja
400 g de purê de cereja industrializado (ou seguir a receita de purê de cassis na p. 124, substituindo por cereja)
80 g (⅓ de xícara generoso) de açúcar refinado extrafino
300 g de chocolate ao leite, picado
300 g de chocolate meio-amargo fino (com 65% de sólidos de cacau), picado
100 g (1 tablete) de manteiga sem sal, amolecida

Notas:
- Você irá precisar de dois aros modeladores de 37 × 9 × 4 cm.
- Qualquer sobra de *macarons* e pão de ló pode ser congelada em recipientes herméticos. *Macarons* podem ser *petit fours* perfeitos.
- Prepare a ganache e a cobertura apenas quando estiver pronto para montar a Ópera.

Primeiro, prepare os *macarons* de pistache:

1 Preaqueça o forno a 150°C e forre 2–3 assadeiras rasas com tapetes de silicone antiaderentes. Bata 60 g das claras e o açúcar refinado em uma tigela até que o açúcar esteja completamente dissolvido. Coloque a tigela em banho-maria e continue a bater até que o merengue esteja bem quente, cerca de 60°C. Transfira a mistura para um *mixer* equipado com batedor de claras e continue a bater até formar um merengue em ponto de neve firme (ver p. 218) e a mistura voltar para a temperatura ambiente, cerca de 10 minutos.

2 Peneire as amêndoas moídas e o açúcar de confeiteiro em uma tigela, acrescente as claras restantes e a pasta de pistache e bata até formar uma pasta. Usando uma espátula, incorpore o merengue à pasta e misture até ficar homogêneo. Coloque em um saco para confeitar adaptado com um bico liso de 8 mm e modele gotas de 2,5 cm de diâmetro nas assadeiras preparadas, depois polvilhe com o pistache picado. Deixe secar por cerca de 20–25 minutos.

3 Asse no forno preaquecido por 10 minutos, depois baixe a temperatura para 140°C e asse por mais 6–8 minutos.

continua

Ópera de chocolate e pistache
continuação

Em segundo lugar, prepare o pão de ló de pistache:

4 Preaqueça o forno a 180°C e forre três assadeiras rasas de 25,5 × 30 cm com tapetes de silicone antiaderentes. Em uma tigela, bata as amêndoas moídas, 90 g (½ xícara generosa) do açúcar refinado extrafino, 85 g das claras e a pasta de pistache até que fiquem bem incorporados. Aos poucos, junte o açúcar de confeiteiro até obter uma mistura homogênea. Então, adicione as gemas e bata até ficar lisa e leve, cerca de 4–5 minutos. Junte o amido e a manteiga derretida.

5 Em um *mixer*, bata lentamente as demais claras. Aos poucos, aumente a velocidade adicionando o restante do açúcar. Continue a bater até formar um merengue em ponto de neve mole. Outra opção é bater manualmente em uma tigela limpa. Com cuidado, incorpore o merengue à mistura de pistache. Depois de incorporado, espalhe uma quantidade igual em cada assadeira, usando uma espátula angular. Asse por 15 minutos até dourar e a superfície do pão de ló voltar à posição inicial quando levemente pressionada.

Em terceiro lugar, prepare a calda de *kirsch*:

6 Coloque a água, o açúcar e a baunilha em uma panela, leve ao fogo até ferver e deixe esfriar. Adicione o *kirsch*, transfira para um recipiente hermético e armazene na geladeira até o momento de usar.

E o creme *mousseline* de pistache:

7 Coloque o leite e a fava de baunilha em uma panela e leve ao forno até ferver. Enquanto isso, bata as gemas e o açúcar em uma tigela. Continue a bater até que a mistura engrosse ligeiramente e fique mais clara, 2–3 minutos. Adicione a farinha e bata até que a mistura fique homogênea. Despeje metade do leite quente na mistura de ovos e bata até não ficar nenhum grumo. Passe por uma peneira fina e coloque de volta na panela.

8 Usando um batedor de claras, misture. Quando levantar fervura, baixe a temperatura e cozinhe em fogo brando. Continue a mexer e a cozinhar lentamente por mais 5–6 minutos. Retire do fogo e remova a fava de baunilha. Coloque a mistura em um *mixer* e bata em velocidade baixa até atingir temperatura ambiente (talvez seja necessário raspar as laterais da tigela algumas vezes). Aumente a velocidade e adicione a pasta de pistache e, aos poucos, a manteiga, cubo por cubo, até combinar completamente. Armazene em um recipiente hermético até o momento de usar.

Enquanto isso, prepare a ganache de cereja:

9 Coloque o purê de cereja e o açúcar em uma panela e leve ao fogo até ferver. Despeje em uma tigela contendo o chocolate picado e, usando uma espátula, mexa até formar uma emulsão. Coloque a manteiga amolecida e misture até ficar homogêneo. Deixe esfriar. Reserve um quarto da ganache para rechear os *macarons*.

Para montar e finalizar:

10 Coloque a ganache de cereja reservada em um saco para confeitar, corte a ponta e faça um montinho sobre o lado plano de 16 *macarons*. Monte os sanduíches usando 16 outras metades, com o lado plano para baixo.

11 Corte 6 retângulos de pão de ló de pistache que caibam nos aros (ver Notas, p. 193) – talvez seja necessário unir pedaços do bolo para adequar o tamanho.

12 Para cada aro, coloque um retângulo de pão de ló na base, embeba ligeiramente com a calda de *kirsch* e espalhe um quarto do restante da ganache de cereja por cima. Resfrie por 10 minutos. Espalhe uma camada de creme *mousseline* de pistache por cima, cubra com outro retângulo de pão de ló e embeba generosamente com um terço da calda de *kirsch*. Repita usando outra camada de ganache de cereja, resfrie por 10 minutos e coloque outra camada de creme *mousseline* de pistache. Posicione a última camada de pão de ló por cima e regue generosamente com o restante da calda de *kirsch*. Leve ao congelador para firmar, de preferência por toda a noite.

13 Para finalizar, desenforme as Óperas. Aqueça ligeiramente a cobertura de chocolate (se necessário) e espalhe na superfície. Resfrie por cerca de 1 hora para firmar e corte em fatias de 4 cm. Apare as extremidades. Coloque em um prato para servir e guarneça com decorações de chocolate, folha de ouro comestível e *macarons* de pistache.

TAÇA DE CHOCOLATE COM TIRAMISU

Preparamos nosso tiramisu em uma taça de chocolate para criar uma sobremesa escultural e impressionante. É a versão de um dos doces que preparei com Suzue quando representamos a Escócia na Olimpíada de Culinária de 2004. Até hoje temos muito orgulho de termos sido premiados com o ouro por nossas criações pela Escócia.

Rende 12 porções

Cacau em pó, para polvilhar
Nibs de cacau picados e 12 *Copeaux* de chocolate (ver p. 153), para finalizar

Para a gelatina de chocolate
4 g (¾ de colher de chá) de gelatina em folha
250 mL (1 xícara) de leite
20 g de açúcar refinado extrafino
140 g de chocolate meio-amargo fino (com 70% de sólidos de cacau), bem picado

Para os biscoitos champanhe
(rende cerca 25 biscoitos)
90 g de claras (cerca de 3 ovos)
95 g (½ xícara rasa) de açúcar refinado extrafino
60 g de gemas (cerca de 3 ovos), batidas
95 g (⅔ de xícara) de farinha de trigo comum, peneirada

Para a manteiga de cacau dourada
20 g de manteiga de cacau, bem picada
2 g (¼ de colher de chá) de ouro em pó comestível

Para a calda de café expresso
150 mL (⅔ de xícara) de café expresso forte
25 g de açúcar refinado extrafino
60 mL (¼ de xícara) de rum escuro

Para a musse de *mascarpone*
60 g de gemas (cerca de 3 ovos)
100 g (½ xícara rasa) de açúcar refinado extrafino
½ fava de baunilha, cortada ao meio no sentido do comprimento
250 mL (1 xícara) de creme de leite fresco (com 36% de gordura)
400 g de queijo *mascarpone*

Para a taça de chocolate
12 folhas de acetato medindo 10 × 12 cm
500 g de chocolate meio-amargo fino temperado (ver p. 18–19)
Manteiga de cacau dourada (ver nesta página)

Notas:
- Você irá precisar de 12 folhas de acetato medindo 10 × 12 cm.
- Os biscoitos podem ser preparados antecipadamente e armazenados em um recipiente hermético, e a gelatina e a calda podem ser feitas no dia anterior e mantidas na geladeira até o momento de usar.

Primeiro, prepare a gelatina de chocolate:

1 Forre uma assadeira rasa pequena com filme plástico. Demolhe a gelatina em água suficiente para cobrir, por alguns minutos, até amolecer, e então esprema para retirar o excesso de líquido. Coloque o leite e o açúcar em uma panela e leve ao fogo até levantar fervura. Adicione a gelatina e mexa para dissolver.

2 Despeje um terço do leite em uma tigela contendo o chocolate picado, mexa até ficar homogêneo, então acrescente o restante do leite e misture. Passe por uma peneira fina na assadeira rasa preparada, deixe esfriar e transfira para a geladeira para firmar, por pelo menos 2 horas. Depois de firme, use um cortador de 3 cm para fazer 24 discos.

Em segundo lugar, prepare os biscoitos champanhe:

3 Preaqueça o forno a 200°C e forre uma assadeira rasa com um tapete de silicone antiaderente. Em uma tigela, bata as claras, acrescentando o açúcar e aumentando a velocidade aos poucos. Continue a bater até formar um merengue em ponto de neve mole. Outra opção é usar um *mixer* equipado com batedor para claras. Aos poucos, despeje as gemas batidas e misture até incorporar completamente. Junte a farinha peneirada.

4 Usando uma espátula angular, espalhe a mistura sobre o tapete de silicone preparado e asse por 15–18 minutos até dourar. Deixe esfriar em um aramado, e use um cortador de 3 cm para fazer, pelo menos, 24 discos (você pode embrulhar e congelar as sobras ou usar toda a massa para fazer biscoitos e consumi-los individualmente).

Em terceiro lugar, prepare a manteiga de cacau dourada:

5 Coloque a manteiga de cacau em uma tigela pequena e derreta lentamente em banho-maria. Acrescente o ouro em pó e deixe esfriar até engrossar ligeiramente.

continua

Taça de chocolate com tiramisu
continuação

Agora, prepare a taça de chocolate:

6 Coloque a folha de acetato (ver Notas, p. 195) em uma assadeira rasa e prenda uma das laterais de 10 cm com uma fita adesiva. Lustre a superfície com um algodão. Usando um pincel culinário, faça uma linha na folha usando a manteiga de cacau dourada, do canto esquerdo inferior, diagonalmente, até o canto direito superior. Repita com as demais folhas de acetato. Deixe firmar.

7 Com uma espátula pequena, espalhe o chocolate temperado em uma camada fina sobre o acetato, cobrindo completamente a folha e a manteiga de cacau dourada. Quando estiver quase firme, retire a fita adesiva que prende a folha e enrole delicadamente (com a parte coberta de chocolate por dentro) formando um tubo. Prenda com fita adesiva e sele a parte onde as extremidades se encontram, na parte de dentro, com mais chocolate temperado. Repita com as demais folhas de acetato. Deixe firmar por 30 minutos, em local fresco e seco.

Enquanto isso, prepare a calda de café expresso:

8 Prepare o café expresso, misture o açúcar até dissolver e deixe esfriar. Acrescente o rum e armazene em um recipiente hermético até o momento de usar.

Em seguida, prepare a musse de *mascarpone*:

9 Coloque as gemas, o açúcar e as sementes de baunilha em uma tigela em banho-maria. Bata a mistura, sem parar, por cerca de 10 minutos até ficar leve e aerada. Retire do fogo, mexendo ocasionalmente, até esfriar.

10 Coloque o creme de leite em uma tigela e bata até atingir o ponto de creme espesso. Em outra tigela, bata o *mascarpone* até ficar liso.

11 Misture um terço do *sabayon* no *mascarpone*. Mexa até obter um resultado homogêneo e depois incorpore o restante do *sabayon*. Por último, junte o creme batido e use imediatamente.

Para montar e finalizar:

12 Mergulhe 12 biscoitos champanhe na calda de café expresso e cubra cada um com um disco de gelatina de chocolate. Coloque uma taça de chocolate sobre cada um, para formar a base da sobremesa.

13 Coloque a musse de *mascarpone* em um saco para confeitar adaptado com um bico serra de 12 mm. Coloque a musse em cada taça até a metade. Mergulhe os demais biscoitos na calda de café, coloque outro disco de gelatina por cima e então, com cuidado, coloque um biscoito em cada taça. Complete as taças com mais musse de *mascarpone* usando o saco para confeitar, para terminar formando uma espiral no topo.

14 Com cuidado, polvilhe cada taça com cacau em pó e *nibs* de cacau picado. Deixe firmar por pelo menos 2 horas na geladeira.

15 Para servir, use uma faca afiada ou bisturi para cortar a fita adesiva que prende o acetato às taças e retire-o delicadamente. Decore cada taça com um *copeaux* de chocolate.

SORVETES, CALDAS e BEBIDAS

PARFAIT DE CHOCOLATE E GERGELIM
com *galettes* de chocolate

Parfait significa "perfeito" em francês, e esta iguaria é exatamente isso — mais leve e delicada do que o sorvete, pois o sabayon é muito mais aerado.

Rende 12 porções

Para o *parfait*
125 g de chocolate meio-amargo fino (com 63% de sólidos de cacau), bem picado
180 mL (¾ xícara) de creme de leite fresco para chantilly (com 30% de gordura)
120 g de gemas (cerca de 6 ovos)
70 g (⅓ de xícara) de açúcar refinado extrafino
25 g de pasta de gergelim branco industrializada
12 g de pasta de gergelim negro industrializada

Para os *galettes* de chocolate
1 porção de massa para biscoito de chocolate (ver Biscoitos holandeses, p. 148)
Ovo para pincelar (ver p. 144)

Variação de sabor

Para preparar o **Parfait de chocolate branco e *sudachi***, siga as instruções da receita para *parfait* de chocolate meio-amargo acima, substituindo o chocolate meio-amargo por 160 g de chocolate branco fino (aqueça em banho-maria a 40°C) e substitua as pastas de gergelim por 3 g (½ colher de chá) de raspas de *sudachi* ou limão.

Para fazer *galettes* de baunilha, use a massa para biscoito de baunilha da p. 148 e continue seguindo a receita de *galettes* de chocolate acima.

Para fazer os *galettes* de chocolate:

1. Preaqueça o forno a 180°C. Abra a massa *sablé* de chocolate até ficar com 4 mm de espessura, em uma superfície ligeiramente enfarinhada, e use um cortador de biscoito canelado de 5 cm para cortar 24 círculos de massa. Transfira os círculos para uma assadeira rasa forrada com um tapete de silicone antiaderente e deixe descansar por 1 hora na geladeira.

2. Pincele com ovo e asse no forno preaquecido por 10–12 minutos. Deixe esfriar.

Para fazer o *parfait*:

3. Forre uma assadeira com uma folha de silicone ou papel-manteiga e coloque sobre ela doze anéis de metal, de 5 cm de diâmetro e 2 cm de profundidade (se não houver anéis suficientes, prepare em porções). Leve ao congelador até o momento de usar.

4. Derreta o chocolate em banho-maria até atingir cerca de 45°C. Coloque o creme de leite em uma tigela e bata até obter um creme mais espesso, cerca de 5 minutos. Outra opção é usar um *mixer* equipado com batedor para claras.

5. Coloque as gemas e o açúcar em outra tigela em banho-maria, em fogo baixo, e comece a bater lentamente, até que a mistura esteja bem leve e mantendo sua forma. O *sabayon* estará cozido e deve ter a consistência de um sorvete semiderretido. Retire do fogo e continue a bater sobre uma tigela de água com gelo, até esfriar (isso evitará que a mistura talhe).

6. Misture as duas pastas de gergelim ao chocolate derretido. Junte o *sabayon* ao creme de leite batido e então, aos poucos, incorpore a mistura de chocolate derretido em três estágios.

7. Coloque em um saco para confeitar, corte a ponta e esprema dentro dos anéis na assadeira preparada. Congele por toda a noite.

8. Para montar, retire os anéis de metal do *parfait* e faça um sanduíche com cada um, colocando entre duas *galettes* de chocolate, deixe amolecer ligeiramente por 5 minutos antes de servir.

SORVETE DE CHOCOLATE E AMENDOIM

Sorvetes de qualidade parecem estar ficando cada vez mais populares e, refletindo esta tendência, montamos um setor em nossa loja de Belgravia em que o sorvete é um dos itens mais populares.

Rende 10–12 porções

500 mL (2 xícaras) de leite integral
150 mL (⅔ de xícara) de creme de leite fresco
100 g de gemas (cerca de 5 ovos)
85 g (⅓ de xícara generoso) de açúcar refinado extrafino
50 g (½ xícara) de cacau em pó
75 g de chocolate meio-amargo fino (com 63% de sólidos de cacau), picado
175 g de **Pasta pralina** (ver p. 158–159), preparada com 200 g de amendoins torrados sem sal e 100 g de amendoins torrados com sal

1 Coloque o leite e o creme de leite em uma panela e leve ao fogo até levantar fervura.

2 Enquanto isso, bata as gemas com o açúcar em uma tigela até que a mistura fique clara, cerca de 2–3 minutos. Coloque o cacau em pó e misture até ficar homogêneo.

Nota: Você irá precisar de uma sorveteira.

3 Despeje metade do leite e creme fervidos sobre a mistura de gemas e bata até estarem completamente combinados. Transfira a mistura de volta para a panela com o restante do leite.

4 Cozinhe em fogo brando, mexendo sempre, até atingir 82–84°C – o creme de ovos deve estar espesso o bastante para cobrir o dorso de uma colher. Retire do fogo e passe por uma peneira fina, sobre uma tigela contendo o chocolate picado. Mexa até que o chocolate derreta e esteja completamente homogêneo. Resfrie rapidamente, de preferência em um banho-maria de água com gelo.

5 Adicione 85 g de pasta pralina ao creme de ovos e mexa bem. Despeje em um recipiente de plástico, tampe e leve à geladeira por toda a noite, para apurar o sabor (ver Dica, nesta página).

6 Bata a mistura em uma sorveteira, seguindo as instruções do fabricante. Depois de batido, acrescente o restante da pasta pralina.

Dica: Deixar o creme de ovos descansar por toda a noite antes de bater é o ideal, pois permite que os sabores se fundam. Entretanto, se não há tempo para isso, você pode bater o creme assim que esfriar.

SORBET DE CHOCOLATE E FRAMBOESA

O sorbet proporciona um sabor de chocolate mais definido e intenso, e o purê de framboesa confere o sabor frutado. O toque final com o tuille rendado torna a apresentação ainda mais atraente.

Rende 8–10 porções

250 mL (1 xícara) de água
130 g (½ xícara generosa) de açúcar refinado extrafino
75 g (¾ de xícara) de cacau em pó
150 g de chocolate meio-amargo fino (com 63% de sólidos de cacau), grosseiramente picado
300 g de purê de framboesa (*ou seguir a receita de purê de cassis na p. 124, substituindo por framboesa*)

Para o *tuille* rendado de chocolate
(*rende cerca de 10 tuilles*)
40 g (¼ de xícara) de farinha de trigo comum
7 g (1 colher de chá) de cacau em pó
60 mL (¼ de xícara) de leite
150 g (⅔ de xícara) de açúcar gelificante
50 g (4 colheres de sopa) de manteiga sem sal

> **Nota:** Você irá precisar de uma sorveteira.

Para fazer o *tuille* rendado de chocolate:

1. Preaqueça o forno a 180°C. Peneire a farinha e o cacau em uma tigela.

2. Coloque o leite, o açúcar e a manteiga em uma panela pequena e leve ao fogo até ferver, depois cozinhe em fogo baixo por 2 minutos, mexendo sempre. Retire do fogo, adicione os ingredientes secos e mexa até obter uma mistura homogênea.

3. Usando uma espátula fina, espalhe metade da mistura, em uma camada fina, sobre um tapete de silicone antiaderente, e cubra com uma folha de silicone ou papel-manteiga. Asse no forno preaquecido por 4–5 minutos até que a mistura tenha se espalhado e apresente buracos ou um desenho de renda. Deixe esfriar e repita com o restante da mistura. Com cuidado, solte a folha de silicone, quebre em pedaços e armazene em um recipiente hermético até o momento de usar.

Para fazer o *sorbet*:

4. Coloque a água e o açúcar em uma panela e leve ao fogo até levantar fervura. Acrescente o cacau em pó e continue a cozinhar em fogo baixo por 2–3 minutos.

5. Passe por uma peneira fina, sobre uma tigela contendo o chocolate picado. Mexa até que o chocolate derreta e esteja completamente homogêneo. Resfrie rapidamente em um banho-maria de água com gelo e depois misture o purê de framboesa.

6. Bata a mistura em uma sorveteira, seguindo as instruções do fabricante. Sirva o *sorbet* decorado com os *tuilles* rendados de chocolate.

SORVETES, CALDAS E BEBIDAS

SORVETE DE IOGURTE E LARANJA NO PALITO coberto com chocolate e *nibs* de cacau
Esta receita vem da época em que trabalhei com Anton Edelmann no The Savoy, onde sempre era uma das favoritas.

Rende 8–10 picolés grandes ou 40 pequenos

Para o sorvete de iogurte e laranja
500 mL (2 xícaras) de suco de laranja
185 g (¾ de xícara generosos) de açúcar refinado extrafino
120 g de gemas (cerca de 6 ovos)
225 g de *créme fraîche*
275 g de iogurte grego integral
Raspas de 2 laranjas

Para cobrir e decorar
300 g de chocolate meio-amargo fino (com 63% de sólidos de cacau), picado
150 g de manteiga de cacau, picada
35 g de *nibs* de cacau

Nota: Você irá precisar de uma sorveteira e de moldes e palitos para pirulitos.

1. Coloque o suco de laranja em uma panela e ferva até reduzir para 300 mL, cerca de 10 minutos. Depois de reduzido, adicione 85 g de açúcar. Enquanto isso, bata as gemas com o restante do açúcar em uma tigela até que a mistura fique clara. Despeje metade do suco reduzido sobre a mistura de gemas e bata até estarem completamente combinados. Coloque de volta na panela com o restante do suco de laranja e cozinhe em fogo baixo, mexendo sempre, até atingir 82–84°C e engrossar o bastante para cobrir o dorso de uma colher. Retire do fogo e passe por uma peneira fina. Resfrie rapidamente em um banho-maria de água com gelo.

2. Depois de frio, misture o *crème fraîche*, o iogurte e as raspas até combinar bem. Despeje em um recipiente e resfrie por toda a noite para apurar o sabor (ver Dica, p. 202). Bata em uma sorveteira, seguindo as instruções do fabricante.

3. Coloque o sorvete batido nos moldes para pirulito. Congele por cerca de 1 hora. Retire do congelador e coloque um palito no centro de cada molde. Leve de volta ao congelador por toda a noite. Para fazer a cobertura, derreta o chocolate e a manteiga de cacau em banho-maria a 45°C, depois deixe esfriar até 38°C. Desenforme os picolés, mergulhe no chocolate e polvilhe com os *nibs* de cacau. Leve de volta ao congelador para endurecer completamente.

SORVETE DE CREME COM AMÊNDOAS NO PALITO coberto com chocolate crocante
Adoro a sensação de morder a cobertura crocante de chocolate e encontrar um delicioso recheio de sorvete de amêndoas.

Rende 8–10 picolés grandes ou 40 pequenos

Para o sorvete de creme com amêndoas
500 mL (2 xícaras) de leite
60 g (¼ de xícara generoso) de amêndoas ligeiramente tostadas
200 mL (¾ de xícara) de creme de leite fresco
125 g (½ xícara generosa) de açúcar refinado extrafino
120 g de gemas (cerca de 6 ovos)

Para cobrir e decorar
300 g de chocolate meio-amargo fino (com 63% de sólidos de cacau), picado
150 g de manteiga de cacau, picada
35 g de amêndoas tostadas, bem picadas

Nota: Você irá precisar de uma sorveteira e de moldes e palitos para pirulitos.

1. Coloque o leite em uma panela e leve ao fogo até ferver. Adicione as amêndoas e cozinhe em fogo baixo por 5 minutos. Transfira para um processador de alimentos e bata até ficar com a textura de uma pasta. Passe por uma peneira fina e transfira para uma panela limpa. Adicione o creme de leite e 100 g (½ xícara rasa) de açúcar e leve ao fogo até levantar fervura.

2. Enquanto isso, bata as gemas com o restante do açúcar em uma tigela até que a mistura fique clara, cerca de 2–3 minutos. Despeje metade do leite fervido sobre a mistura de gemas e bata até estarem completamente combinados. Coloque de volta na panela com o restante do leite e cozinhe em fogo baixo, mexendo sempre, até atingir 82–84°C – a mistura deve engrossar o bastante para cobrir o dorso de uma colher. Retire do fogo e passe por uma peneira fina. Resfrie rapidamente, de preferência em um banho-maria de água com gelo. Despeje em um recipiente e resfrie por toda a noite para apurar o sabor (ver Dica, p. 202). Bata a mistura em uma sorveteira, seguindo as instruções do fabricante.

3. Coloque o sorvete batido nos moldes para pirulito. Congele por cerca de 1 hora. Retire do congelador e coloque um palito no centro de cada molde. Leve de volta ao congelador por toda a noite. Para fazer a cobertura, derreta o chocolate e a manteiga de cacau em banho-maria a 45°C, e deixe esfriar até 38°C. Desenforme os picolés, mergulhe no chocolate e polvilhe com as amêndoas picadas. Leve de volta ao congelador para endurecer completamente.

SORVETE DE CAFÉ E CHOCOLATE na casquinha de chocolate

Preparar as próprias casquinhas pode parecer trabalhoso, mas, definitivamente, vale a pena e o resultado final é sempre impressionante.

Rende cerca de 12–15 porções

Para as casquinhas de chocolate

150 mL (⅔ de xícara) de suco de laranja
200 g (1 xícara rasa) de açúcar gelificante
100 g (1 tablete) de manteiga sem sal
40 g (3 colheres de sopa) de glucose líquida
65 g (½ xícara rasa) de farinha de trigo comum, peneirada
10 g de cacau em pó, peneirado
70 g de coco desidratado
30 g de avelãs, bem picadas

Para o sorvete de café e chocolate

500 mL (2 xícaras) de leite
4 g (½ colher de chá) de café expresso moído na hora
120 mL (½ xícara) de creme de leite fresco
120 g de gemas (cerca de 6 ovos)
85 g (⅓ de xícara generoso) de açúcar refinado extrafino
50 g (½ xícara) de cacau em pó
75 g de chocolate meio-amargo fino (com 63% de sólidos de cacau), picado
Nibs de cacau, grosseiramente picados, para decorar

Prepare as casquinhas de chocolate com antecedência:

1 Preaqueça o forno a 180°C. Coloque o suco de laranja, o açúcar, a manteiga e a glucose em uma panela e leve ao fogo até levantar fervura. Acrescente a farinha e o cacau em pó. Mexendo sempre, continue a cozinhar em fogo baixo por 2–3 minutos. Retire do fogo e acrescente o coco e as avelãs. Deixe esfriar.

2 Coloque um estêncil em forma de semicírculo, com 20 cm de diâmetro, sobre um pedaço de silicone ou papel-manteiga, de cabeça para baixo, em cima de um tapete de silicone antiaderente. Use uma espátula para espalhar cerca de 25 g da mistura sobre cada estêncil. Serão necessários 15 no total (será preciso assar em fornadas).

Asse por 4–5 minutos até adquirir textura e cor. Retire do forno, deixe esfriar ligeiramente e então molde cada semicírculo no formato de um cone (moldes para massas em formato de cone seriam ideais), sobrepondo as extremidades para selar. Deixe esfriar completamente e armazene em um recipiente hermético até o momento de usar.

Para preparar o sorvete:

3 Coloque o leite e o café em uma panela e leve ao fogo até levantar fervura. Retire do fogo, cubra com filme plástico e deixe em infusão por 20 minutos. Passe por uma peneira fina e leve de volta a uma panela limpa. Adicione o creme de leite e leve ao fogo até ferver. Enquanto isso, bata as gemas com o açúcar em uma tigela até que a mistura fique clara, cerca de 2–3 minutos. Junte o cacau em pó e misture até ficar homogêneo.

4 Despeje metade do leite fervido sobre a mistura de gemas e bata até que estejam completamente combinados. Coloque de volta na panela com o restante do leite e cozinhe em fogo baixo, mexendo sempre, até atingir 82–84°C. Retire do fogo e passe por uma peneira fina, sobre uma tigela contendo o chocolate picado. Mexa até que o chocolate derreta e esteja completamente homogêneo. Resfrie rapidamente, de preferência em um banho-maria de água com gelo.

5 Despeje em um recipiente de plástico, tampe e leve à geladeira por toda a noite, para apurar o sabor (ver Dica, p. 202). Bata em uma sorveteira, seguindo as instruções do fabricante. Coloque o sorvete batido em um saco para confeitar adaptado com um bico serra de 8 mm e pressione dentro dos cones. Sirva imediatamente.

Variações de sabor

Sorvete de *gianduia* na casquinha de chocolate:
Para preparar o sorvete, siga as instruções da receita de sorvete de café e chocolate, excluindo o café expresso do passo 1 e substituindo o cacau em pó e o chocolate meio-amargo por 225 g de *gianduia* e 25 g de Pasta pralina (ver p. 158–159). Sirva em casquinhas de chocolate, como na receita anterior.

Sorvete de missô e chocolate branco caramelizado na casquinha de laranja e coco:
Para fazer o sorvete, primeiro caramelize 240 g de chocolate branco fino, grosseiramente picado, assando em uma assadeira forrada com um tapete de silicone antiaderente, no forno preaquecido a 130°C, por 90 minutos, até dourar ligeiramente (mexa e espalhe o chocolate a cada 20 minutos com uma espátula para garantir que caramelize uniformemente). Então, siga as instruções da receita de Sorvete de café e chocolate, substituindo o café por 50 g de pasta de missô, o chocolate meio-amargo por chocolate branco caramelizado, e excluindo o cacau em pó. Para fazer as casquinhas, siga a receita da casquinha de chocolate, mas substitua o cacau em pó, o coco desidratado e as avelãs picadas por 100 g de coco desidratado.

> Nota: Você irá precisar de uma sorveteira.

Na página ao lado, da esquerda para a direita: Sorvete de *gianduia* na casquinha de chocolate; Sorvete de café e chocolate na casquinha de chocolate; e Sorvete de missô e chocolate branco caramelizado na casquinha de laranja e coco.

GRANITA DE CHOCOLATE MEIO-AMARGO
com amoras em calda

Em nossa doceria, esta iguaria é servida como uma pré-sobremesa. Ela é deliciosa e refrescante, e excelente para limpar o paladar.

Rende 10–12 porções

500 mL (2 xícaras) de água
100 g (½ xícara rasa) de açúcar refinado extrafino
½ fava de baunilha, cortada ao meio no sentido do comprimento
35 g (¼ de xícara generoso) de cacau em pó, peneirado
60 g de chocolate meio-amargo fino (com 63% de sólidos de cacau), picado

Para as amoras
200 mL (¾ de xícara generosos) de água
200 g (1 xícara rasa) de açúcar refinado extrafino
½ fava de baunilha, cortada ao meio no sentido do comprimento
250 g de amoras

Variação de sabor

Para preparar **Granita de jasmim e chocolate ao leite com damascos em calda**, siga a receita de Granita de chocolate meio--amargo acima, substituindo o cacau em pó por 10 g de folhas de chá de jasmim e deixando em infusão por 2–3 horas. Ferva novamente e coe sobre 60 g de chocolate ao leite fino, bem picado, misture até ficar homogêneo, e depois continue a receita a partir do passo 4. Para fazer os damascos em calda, prepare a receita para amoras acima usando 100 g de açúcar refinado extrafino e substituindo as amoras por 600 g de damascos sem caroço e cortados em quartos. Deixe cozinhar por 3–4 minutos antes de tirar do fogo.

Para preparar as amoras em calda:

1. Coloque a água e o açúcar em uma panela. Raspe as sementes de baunilha e coloque, junto com a fava, na panela. Leve ao fogo até ferver e adicione as amoras. Retire do fogo e deixe esfriar (o calor residual irá cozinhar as amoras).

Para preparar a granita:

2. Coloque os pratos para servir no congelador por pelo menos 30 minutos. Coloque a água e o açúcar em uma panela. Raspe as sementes de baunilha e coloque, junto com a fava, na panela. Deixe levantar fervura.

3. Adicione o cacau em pó, bata e cozinhe em fogo baixo por 2–3 minutos. Retire do fogo e passe a mistura por uma peneira fina sobre uma tigela contendo o chocolate picado. Mexa até obter uma mistura homogênea.

4. Resfrie rapidamente, de preferência em banho-maria de água com gelo. Despeje em um prato largo e raso (quanto mais raso o recipiente, mais rapidamente a granita irá congelar). Congele por 1–2 horas até que as bordas estejam sólidas.

5. Retire a granita do congelador e raspe o gelo com um garfo, misturando das bordas para o centro. Leve de volta ao congelador. Repita a raspagem e mistura a cada 30 minutos até que tudo tenha se transformado em flocos de gelo pequenos, separados; isso levará cerca de 2 horas.

6. Para servir, raspe com um garfo para soltar a granita e separar os flocos de gelo, e coloque nos pratos para servir, gelados. Cubra com as amoras em calda.

SORVETE DE BAUNILHA E CALDA DE CHOCOLATE

Esta combinação é um clássico antigo. Calda de chocolate quente sobre um sorvete de baunilha cremoso – preciso dizer mais alguma coisa?

Rende 8–10 porções

Para o sorvete de baunilha
500 mL (2 xícaras) de leite
200 mL (¾ de xícara generosos) de creme de leite fresco
125 g (½ xícara generosa) de açúcar refinado extrafino
1 fava de baunilha, cortada ao meio no sentido do comprimento
120 g de gemas (cerca de 6 ovos)

Para a calda de chocolate
150 mL (⅔ de xícara) de leite
35 mL (1 colher de sopa) de creme de leite fresco
30 g de açúcar refinado extrafino
200 g de chocolate meio-amargo fino (com 66% de sólidos de cacau), picado
30 g (2 colheres de sopa) de manteiga sem sal, cortada em cubos e em temperatura ambiente

Para fazer o sorvete de baunilha:

1. Coloque o leite, o creme de leite e 60 g (¼ de xícara) de açúcar em uma panela. Raspe as sementes de baunilha e coloque, junto com a fava, na panela. Deixe levantar fervura. Enquanto isso, bata as gemas com o restante do açúcar em uma tigela até que a mistura fique clara, cerca de 2–3 minutos.

Nota: Você irá precisar de uma sorveteira.

2. Despeje metade do leite fervido sobre a mistura de gemas e bata até estarem completamente combinados. Coloque de volta na panela com o restante do leite e cozinhe em fogo baixo, mexendo sempre, até atingir 82–84°C – a mistura deve engrossar o bastante para cobrir o dorso de uma colher. Retire do fogo e passe por uma peneira fina. Resfrie rapidamente, de preferência em banho-maria de água com gelo.

3. Despeje em um recipiente de plástico, tampe e deixe na geladeira por toda a noite, para apurar o sabor (ver Dica, p. 202).

4. Bata a mistura em uma sorveteira, seguindo as instruções do fabricante.

Prepare a calda de chocolate apenas quando for servir:

5. Coloque o leite, o creme de leite e o açúcar em uma panela e leve ao fogo até levantar fervura. Despeje sobre o chocolate picado em uma tigela e mexa até ficar liso e derreter completamente. Adicione a manteiga e misture até incorporar completamente.

6. Sirva o sorvete em taças individuais geladas, regado com a calda de chocolate.

PASTA DE CHOCOLATE E PRALINA com brioche

Tão perfeita para um café da manhã na cama, em um preguiçoso dia de domingo, como para um chá da tarde moderno.

Rende 8–10 fatias

Para o brioche
200 g (1⅓ de xícara) de farinha de trigo comum, peneirada, e uma quantidade extra para enfarinhar a fôrma
30 g de açúcar refinado extrafino
6 g (1 colher de chá) de sal
10 g de fermento biológico fresco
140 g de ovos inteiros (cerca de 3 ovos)
120 g de manteiga sem sal, cortada em cubos e em temperatura ambiente, e uma quantidade extra, para untar a fôrma
Ovo para pincelar (ver p. 144)

Para a pasta de chocolate e pralina
200 mL (¾ de xícara generosos) de creme de leite fresco para chantilly
175 g de chocolate ao leite fino (com 35% de sólidos de cacau), bem picado
50 g de chocolate meio-amargo fino (com 66% de sólidos de cacau), bem picado
175 g de **Pasta pralina** (ver p. 158–159)

Nota: Você irá precisar de uma fôrma para pão de 18 × 8 × 7,5 cm.

Para preparar o brioche:

1 Coloque a farinha, o açúcar e o sal na tigela de um *mixer* equipado com batedor de massas. Em outra tigela, esfarele o fermento sobre os ovos e mexa. Adicione aos ingredientes secos.

2 Bata em velocidade média por 10–12 minutos até que a mistura se torne elástica e se desprenda dos lados da tigela. Aos poucos, adicione a manteiga e continue a bater até que a mistura se solte dos lados da tigela novamente.

3 Cubra com filme plástico e deixe descansar e crescer até dobrar de tamanho, cerca de 30 minutos. Trabalhe novamente a massa e transfira para a geladeira por pelo menos 1 hora. Preaqueça o forno a 200°C, e unte e polvilhe ligeiramente a fôrma com farinha.

4 Coloque a massa na fôrma. Deixe descansar até dobrar de tamanho. Pincele com ovo a superfície da massa e asse no forno preaquecido por 25–30 minutos, até dourar. Baixe a temperatura do forno para 180°C e asse por mais 6–8 minutos. Deixe esfriar na fôrma por alguns minutos e desenforme sobre um aramado para esfriar completamente.

Para preparar a pasta:

5 Coloque o creme de leite em uma panela, leve ao fogo até levantar fervura e depois despeje sobre o chocolate picado em uma tigela e misture até ficar homogêneo. Acrescente a pasta pralina, mexa novamente e depois despeje em um recipiente de vidro esterilizado e deixe esfriar (a pasta pode ser armazenada por até 1 semana em local fresco e escuro). Sirva o brioche em fatias acompanhado da pasta de chocolate.

LATTE DE CHOCOLATE BRANCO E MATCHA
com bolo de chá verde

Acredito que o latte de matcha será o próximo grande sucesso — ele é muito popular no Japão. Adicionamos chocolate branco, que complementa muito bem o chá.

Rende 2 lattes, mais 32 bolinhos de chá verde

Para os bolinhos de chá verde
125 g (1¼ de tablete) de manteiga sem sal, cortada em cubos
115 g de claras (cerca de 4 ovos)
125 g (½ xícara generosa) de açúcar refinado extrafino
115 g (1½ xícara) de amêndoas moídas
15 g (1 colher de sopa) de avelãs moídas
5 g (1 colher de chá) de *matcha* (chá verde em pó)
40 g de farinha de trigo comum, peneirada
Sementes de gergelim negro e branco, para polvilhar

Para o *latte* de chocolate branco e *matcha*
5 g (½ colher de chá) de *matcha* em pó
10 mL (¾ colher de sopa) de água
500 mL (2 xícaras) de leite integral
80 g de chocolate branco fino, bem picado

> **Nota:** Você irá precisar de duas fôrmas de silicone com 16 cavidades ovais.

Para preparar os bolinhos de chá verde:

1 Faça a *beurre noisette*. Coloque a manteiga em uma panela e aqueça até dourar e liberar um aroma amendoado. Deixe esfriar.

2 Bata as claras e o açúcar manualmente em uma tigela e adicione as amêndoas e avelãs moídas e o *matcha* em pó. Junte a manteiga (*beurre noisette*).

3 Junte a farinha peneirada e continue a misturar. Transfira para a geladeira para descansar por pelo menos 30 minutos. Preaqueça o forno a 160°C.

4 Transfira a massa para um saco para confeitar adaptado com um bico liso de 15 mm e pressione nas cavidades das fôrmas, deixando um pequeno espaço abaixo da borda de cada uma. Polvilhe cada bolinho com as sementes de gergelim negras e brancas. Asse no forno preaquecido por cerca de 20 minutos até dourarem e voltarem à posição inicial quando levemente pressionados. Deixe esfriar antes de desenformar. Armazene em um recipiente hermético.

Para fazer o *latte*:

5 Misture o *matcha* em pó e a água em uma tigela pequena para fazer uma pasta (use um batedor, japonês ou comum, para eliminar qualquer grumo).

6 Coloque o leite e a pasta de *matcha* em uma panela, em fogo médio, e bata sem parar até começar a ferver lentamente. Retire do fogo e despeje sobre o chocolate branco picado em uma tigela. Mexa até incorporar completamente, e depois use um batedor de bebidas portátil para deixar a mistura leve e aerada.

7 Encha duas xícaras, em dois terços, com o leite com *matcha* e complete com a espuma. Sirva com o bolo de chá verde.

MILK-SHAKE FLORESTA NEGRA

Este é um milk-shake para adultos – adoro a ideia de usar sabores clássicos, como o da Floresta Negra, para preparar uma bebida.

Rende 2 porções

150 g de **sorvete de chocolate** (ver p. 206), excluindo o café
85 g de **sorvete de baunilha** (ver p. 210)
200 mL (¾ de xícara generosos) de leite integral
100 g de **Compota de cereja** (ver p. 177)
Cerejas *griottine*, para decorar
½ bloco de chocolate meio-amargo fino, para fazer raspas, para decorar (ver p. 106)

1 Coloque todos os ingredientes (exceto as cerejas griottine) em um recipiente de aço inox ou uma jarra medidora e bata com um *mixer*.

2 Despeje em copos altos, decore com as cerejas e as raspas de chocolate e sirva imediatamente.

CHOCOLATE GELADO COM MENTA
e creme chantilly

Chocolate e menta é uma combinação clássica. Esta bebida gelada, coroada com chantilly doce, é refrescante e muito saborosa.

Rende 4 porções

500 mL (2 xícaras) de leite integral
7 g de folhas de menta fresca
75 g de chocolate meio-amargo fino (com 70% de sólidos de cacau), grosseiramente picado
1 porção de **creme chantilly** (ver p. 162)
Copeaux de chocolate (ver p. 153) e talos de menta, para decorar

1 Coloque o leite em uma panela e leve ao fogo até ferver. Retire do fogo e adicione as folhas de menta. Cubra com filme plástico e deixe em infusão por 30 minutos.

2 Passe o leite por uma peneira fina para remover a menta, descarte as folhas, e leve o líquido de volta à panela. Leve ao fogo até levantar fervura novamente e depois despeje sobre o chocolate picado em uma tigela ou jarra. Mexa até obter uma mistura homogênea. Resfrie rapidamente, de preferência em banho-maria de água com gelo.

3 Encha ¾ de 4 copos com a bebida de chocolate e menta. Aqueça uma colher de chá e modele uma *quenelle* com o creme chantilly. Coloque sobre a superfície de cada bebida e decore com raspas de chocolate e um ramo de menta.

MILK-SHAKE DE CHOCOLATE

Os milk-shakes de chocolate me trazem lembranças da infância. Eu costumo usar sorvete de chocolate meio-amargo, que o torna um glorioso deleite.

Rende 2 porções

280 mL (1 xícara generosa) de leite integral
300 g de **sorvete de chocolate** (ver p. 206), excluindo o café

1 Coloque todos os ingredientes em um recipiente de aço inox ou uma jarra medidora e bata com um *mixer*, ou manualmente em uma tigela (neste caso, o sorvete deve estar bem mole).

2 Despeje em copos altos e sirva imediatamente.

Na página ao lado, da esquerda para a direita: Milk-shake *floresta negra;* Chocolate gelado com menta; *e* Milk-shake *de chocolate.*

SORVETES, CALDAS E BEBIDAS 217

BRISA TROPICAL
Um coquetel perfeito para jantares especiais.

Rende 4 porções

Para a camada de frutas tropicais

100 g de purê de manga (ver modo de preparo do purê de cassis, na p. 124)
100 g de purê de maracujá (ver modo de preparo do purê de cassis, na p. 124)
25 g de açúcar gelificante

Para a camada de chocolate e rum

85 g de chocolate meio-amargo fino (com 70% de sólidos de cacau), picado
175 mL (⅔ de xícara generosos) de água
50 g (¼ de xícara) de açúcar refinado extrafino
75 mL (⅓ de xícara raso) de rum escuro

Para a espuma de coco

100 g de polpa de coco industrializada ou leite de coco
75 mL (⅓ de xícara raso) de creme de leite fresco para chantilly
30 mL de leite integral
25 mL (1½ colher de sopa) de rum Malibu

1 Para fazer a camada de frutas tropicais, coloque os purês juntos em uma panela e leve ao fogo até levantar fervura. Adicione o açúcar e cozinhe em fogo médio por 1–2 minutos. Deixe esfriar.

2 Para preparar a camada de chocolate, coloque o chocolate em uma tigela grande, e a água e o açúcar em uma panela e leve ao fogo até levantar fervura. Despeje a calda de açúcar sobre o chocolate e mexa até obter uma mistura homogênea. Deixe esfriar e adicione o rum escuro.

3 Para preparar a espuma de coco, bata todos os ingredientes juntos em uma tigela até formar uma espuma leve.

4 Para montar, coloque a camada tropical em 4 copos para coquetel. Despeje em cima a camada de chocolate usando o dorso de uma colher para diminuir o impacto. Cubra com a espuma de coco. Misture apenas antes de beber.

MARTÍNI DE CHOCOLATE BRANCO
Um toque de chocolate para um coquetel clássico.

Rende 4 coquetéis

Chocolate meio-amargo fino temperado (ver p. 18–19), para confeitar
240 mL (1 xícara rasa) de creme de leite fresco para chantilly
150 g de chocolate branco fino, bem picado
85 g (⅓ de xícara generoso) de açúcar refinado extrafino
85 mL (⅓ de xícara) de água
100 mL (⅓ de xícara generoso) de vodca
50 mL (3 colheres de sopa) de vermute

1 Coloque o chocolate meio-amargo temperado em um saco para confeitar e faça linhas no interior de 4 taças para martíni. Leve as taças para a geladeira e deixe resfriar enquanto prepara o coquetel.

2 Coloque o creme de leite em uma panela e leve ao fogo até levantar fervura. Despeje o creme sobre o chocolate picado em uma tigela ou jarra e mexa até que a mistura fique lisa e homogênea. Deixe esfriar. Enquanto isso, coloque o açúcar e a água em uma panela e leve ao fogo até levantar fervura. Deixe esfriar.

3 Despeje a vodca, o vermute e a calda de açúcar fria em uma coqueteleira e adicione a mistura de chocolate branco e um pouco de gelo. Agite até misturar bem. Despeje nas taças de martíni resfriadas e sirva imediatamente.

INGREDIENTES E EQUIPAMENTOS

INGREDIENTES
Escolha os ingredientes com cuidado e esteja preparado para pesquisar até encontrar tudo o que procura.

Açúcar Eu geralmente uso o açúcar refinado extrafino para confeitaria. Opcionalmente, você pode usar o cristal (branco), mas eu considero sua textura muito grossa. O açúcar de confeiteiro também está presente em algumas receitas e é, basicamente, o açúcar branco transformado em pó – peneire sempre antes de usar. Também usamos o açúcar mascavo, que possui um sabor exclusivo, intenso e maltado. Recentemente, fomos apresentados ao açúcar mascavo japonês – seu sabor leve de melaço traz uma nova dimensão para algumas receitas. O açúcar invertido (ver p. 23) pode ser substituído por açúcar mascavo, glucose ou mel.

Bebidas alcoólicas Não é necessário adquirir as marcas mais caras, mas elas devem ser boas o suficiente para que sejam apreciadas isoladamente. Isso porque bebidas como rum escuro, *kirsch* e Grand Marnier aparecem em diversas receitas no capítulo *Pâtisserie* (ver p. 150–197).

Biscoitos *feuillantine* Crepes secos, excelentes para a textura em itens de *Pâtisserie* e *Bouchées*.

Café e chá Adquira, sempre que possível, as variedades locais, e invista um pouco mais pela qualidade – vale a pena.

Pontos das claras batidas

Ponto de creme – quando o batedor é levantado, a mistura escorre de volta, deixando uma trilha ou fio contínuo na superfície. O fio permanece visível por alguns instantes e depois se desfaz na mistura.

Ponto de neve mole – quando o batedor é virado de cabeça para baixo, os picos começam a ficar mais firmes. A mistura estará com uma textura mole e os picos irão se desmanchar depois de alguns segundos.

Ponto de neve firme – quando o batedor é virado de cabeça para baixo, os picos apontam firmemente para cima, sem cair. A textura da mistura estará espessa e pesada.

Fora do ponto – depois do estágio de neve, as claras começarão a ficar com aparência esfarelada e opaca. Quando batidas em excesso, as claras acabarão caindo.

Chocolate fino (para cobertura) Por vários anos, Suzue e eu temos representado com orgulho a Amedei. Eles trabalham diretamente com os produtores do cacau que utilizam e estão sempre completamente envolvidos em cada estágio do processo. Por isso produzem alguns dos mais finos chocolates para cobertura disponíveis (Chuao, Toscano 70 e 63, Toscano ao leite e *gianduia*, para citar apenas alguns).

Creme de leite Prefiro sempre usar o creme de leite para chantilly em nossos chocolates e itens de *pâtisserie*, embora com algumas exceções. Percebi que o creme de leite fresco é muito pesado para a maioria das receitas. Mantenha-o resfriado até que seja utilizado.

Ervas frescas Se possível, cultive suas próprias ervas; caso não possa fazê-lo, adquira no fornecedor ou produtor local, onde elas terão sabor mais intenso e qualidades preservadas. Evite adquirir as que são vendidas em supermercados, pois são cultivadas por processos que aceleram o crescimento e têm pouco sabor.

Especiarias Se puder, adquira especiarias em grãos e espere para ralar (a noz-moscada, por exemplo) ou esmagar, com um rolo de massa (cardamomo ou anis, por exemplo), somente quando precisar delas. Depois de moídas, elas logo perdem seu sabor único; por isso, adquira pequenas quantidades e congele.

Farinha de trigo Em praticamente todas as minhas receitas, utilizo o tipo T55, uma farinha de trigo francesa com teor de glúten médio. Se for difícil encontrar, sugiro que se escolha uma farinha comum de boa qualidade.

Fava de baunilha (sementes) Você pode usar o extrato de baunilha, mas eu prefiro a versão natural. Pode ser caro adquirir a de melhor qualidade, no entanto a diferença é evidente. Eu costumo comprar a taitiana, com seu sabor delicado, ou a de Madagascar, com suas notas frutadas (a *bourbon* e a mexicana também são boas opções).

Gelatina Todas as nossas receitas que levam gelatina se baseiam na versão em folhas, que pode ser encontrada nas boas lojas de produtos alimentícios. Eu sempre as peso, pois o peso costuma variar dependendo da marca. Você deverá demolhar a gelatina em água fria (quanto mais fria melhor) para amolecê-la, e então sempre espremer para retirar o excesso de água e dissolver na mistura quente apropriada conforme indicado. Para a gelatina em pó, siga as instruções do fabricante.

Kinako Também conhecido como farinha de grãos de soja, que é produzida pela moagem dos grãos torrados. Pode ser adquirido em lojas de produtos orientais/japoneses ou pela internet.

Leite Use sempre leite integral. Acredite em mim: não há vantagem em substituí-lo por uma alternativa com pouca gordura.

Manteiga Use sempre manteiga de boa qualidade e nunca a substitua por margarina, pois esse ingrediente tem uma grande influência no resultado final do prato. Durante o preparo das receitas, você irá notar que é importante observar a temperatura ideal – para a ganache, a manteiga precisa estar a cerca de 38°C para garantir que incorpore corretamente, e para bolos é importante usar manteiga em temperatura ambiente.

Matcha São folhas de chá verde moídas, que também podem ser adquiridas em lojas de produtos orientais/japoneses ou pela internet. Há muitos graus de intensidade, e eu sugiro que você reserve algum tempo para encontrar o seu favorito.

Mel Adquira em lojas especializadas ou mercados que compram diretamente do produtor. Todas as variedades de mel possuem suas próprias características, sejam de flor de lavanda ou castanha. O meu favorito é o Richmond Park, que possui notas de trevo únicas.

Neige décor Este é um açúcar de confeiteiro que não dissolve quando exposto à umidade.

Oleaginosas Prefira as frescas, pois elas não ficam mais saborosas com o tempo – se não for usar imediatamente, é sempre possível congelá-las. Nem sempre é fácil encontrar, mas as avelãs do Piemonte e as amêndoas de Avola são as melhores.

Ovos Todas as minhas receitas utilizam ovos grandes. Como garantia, eu sempre peso os ovos (claras e gemas separadamente) para não cometer erros nas medidas – em geral, 1 gema pesa 20 g, 1 clara 30 g, e 1 ovo inteiro 50 g.

Pasta de amêndoa (marzipã) Produzida com partes quase iguais de amêndoas branqueadas moídas e açúcar.

Yuzu Fruta cítrica originária do Japão e que usamos frequentemente em nossas receitas com inspiração japonesa. Pode ser substituída por limão.

EQUIPAMENTOS

Tive a sorte de trabalhar em cozinhas com uma grande variedade de equipamentos. Itens de boa qualidade não são baratos, e quando eu indico a utilização de tigelas de aço inox e fôrmas de silicone, isso não é sempre obrigatório. Também tive a infelicidade de trabalhar em cozinhas com pouco espaço, fornos pouco confiáveis e escassez de utensílios – o segredo é ser capaz de se adaptar. Meu conselho é sempre procurar pelos melhores preços em várias lojas e em sites da internet.

Aramado Um aramado padrão é bastante útil para colocar bolos e pães de ló para esfriar.

Assadeiras Costumo preferir as assadeiras bem rasas, e sugiro evitar itens muito frágeis, que irão empenar durante o cozimento. O tamanho recomendado é 25,5 × 30 cm. Entretanto, se não for possível obter itens com este tamanho, utilize as de tamanho mais próximo a ele.

Balança Provavelmente o equipamento mais importante em minha cozinha; sem ela, você não conseguirá desenvolver suas receitas. Recomendo as digitais (disponível no mercado com preços razoáveis), de preferência com escala que comece em 1 g para ter a precisão necessária.

Batedor de claras Escolha os de boa qualidade, que resistam a trabalhos pesados. Prefiro os de aço inox. Os batedores estilo *fouet* são excelentes para bater creme de leite ou claras, se não houver uma batedeira disponível. Recomendo uma versão reta e com cabo longo para misturar em panelas.

Espátula Eu costumo usá-la para tudo, desde misturar ganaches até incorporar o *sabayon* a uma musse. Prefira a versão de silicone, resistente ao calor, de preferência com a lâmina ligeiramente curva.

Facas Recomendo o uso de facas produzidas com aço inoxidável. Se forem bem cuidadas, elas duram a vida toda. Será preciso adquirir um amolador de boa qualidade para afiá-las. Nunca coloque suas facas no lava-louça, pois isso irá estragar as lâminas. Você vai precisar de uma faca de legumes, um cutelo, uma faca serrilhada, uma pequena, uma grande e uma espátula angular.

Folhas de acetato Elas proporcionam um toque contemporâneo aos seus chocolates, além de lhes dar um acabamento mais brilhante – podem ser encontradas lisas ou com marcas em relevo.

Forminhas para torta e aros modeladores Adquira moldes e aros antiaderentes que sejam fortes e não entortem, de preferência feitos de aço inoxidável.

Moldes e fôrmas Vale a pena investir em uma pequena coleção, especialmente para o preparo de bolos, *bouchées* ou itens de *pâtisserie*. Sugiro moldes de silicone para os *bouchées* e bolinhos, pois são flexíveis e fáceis de desenformar. Para bolos retangulares, você irá precisar de fôrmas para pães, de preferência com revestimento de silicone, e o mesmo vale para as *tartelettes*.

Moldes para chocolate Você pode adquirir uma grande variedade de moldes, alguns simplesmente feitos de plástico, que serão suficientes para começar (embora não sejam muito duráveis). Usamos moldes de policarbonato que, se forem bem cuidados, irão durar bastante tempo. É importante lustrar os moldes (e as folhas de acetato com relevo para decorar chocolates) usando algodão ou qualquer malha limpa, para obter um acabamento brilhante.

Panela para banho-maria Existem muitas formas de derreter e temperar o chocolate, desde uma simples tigela sobre uma panela com água até uma panela elétrica para derretimento em banho-maria; a escolha é sua. Em geral, a questão é o preço. Para começar, eu recomendo uma panela convencional para banho-maria, que retém bem o calor e portanto é excelente para temperar o chocolate. Elas também evitam que o vapor escape e entre no chocolate, o que comprometeria sua qualidade.

Panelas Adquira panelas de fundo reforçado, de preferência com cabos que não esquentem. Itens de baixa qualidade deformam facilmente, possuem pontos de maior aquecimento e não duram muito.

Peneira Uma peneira de aço inoxidável com trama fina é a melhor para creme de leite e de ovos. Mantenha uma peneira separada (de preferência uma grande) para ingredientes secos, como farinha de trigo e cacau em pó.

Pincel culinário Para espalhar coberturas, untar fôrmas e umedecer bolos e pães de ló. Parei de usar os pincéis comuns, que substituí pelos de silicone, pois assim não há risco de um pelo ou cerda aparecer no prato.

Processador de alimentos Eu uso um processador da marca Thermomix em minha cozinha, que não é o mais barato, mas bastante forte e versátil, e ideal para o preparo da pasta pralina (ver p. 158–159). As boas lojas de utensílios e equipamentos para cozinha costumam ter uma grande variedade; sugiro que você adquira um item com potência e resistente. Também gosto de usar *mixers* em minha cozinha, pois são fáceis de manusear e limpar.

Raspador de massa São extremamente importantes na cozinha profissional. Além disso, não são um investimento caro. Excelentes para retirar a massa de tigelas e raspar superfícies de trabalho.

Recipientes para armazenamento Adquira sempre recipientes de plástico com tampas herméticas, pois isso irá manter seus ingredientes e misturas frescos por mais tempo.

Rolo de massa Apesar da evolução tecnológica, ainda prefiro o rolo de massa francês à moda antiga, que é simplesmente um bastão de madeira. Pode ser uma boa ideia manter um rolo reservado somente para o preparo de pasta de amêndoas, e outro para massas.

Sorveteira Em nossas lojas, usamos a Paco Jet para bater sorvete – ele utiliza um método revolucionário de congelar o creme de ovos em um compartimento e o bate apenas depois de congelado, em vez de bater o sorvete enquanto congela. Uma pequena lâmina gira em muitas rotações por segundo, criando assim um sorvete mais leve e homogêneo. Contudo, a disponibilidade financeira pode ser um problema, e ainda bem que existem no mercado diversos produtos que não são caros; por isso, pesquise para encontrar os melhores preços. Lembre-se de que talvez seja necessário congelar o recipiente com antecedência.

Tapetes antiaderentes Em geral uso tapetes de silicone, que são flexíveis e produzidos com material antiaderente. Eles suportam temperaturas bastante altas, além de serem reutilizáveis e fáceis de encontrar em lojas de utensílios culinários ou online. Folhas de silicone ou papel-manteiga funcionam igualmente bem.

Termômetro Para o trabalho com chocolate, e especialmente para iniciantes, é aconselhável investir em um termômetro elétrico, por sua precisão. Também é muito útil para cremes de ovos e *pâte de fruits*. É válido verificar a temperatura de seu forno periodicamente usando um termômetro para forno.

Timer Muitos fornos possuem *timer*, mas o ideal é comprar uma versão digital, pois a verificação do tempo é fundamental no preparo de itens de confeitaria – você não irá se arrepender.

ÍNDICE REMISSIVO

Os números em itálico indicam as páginas em que estão as legendas das fotos.

A

Açúcar *14*, 16, 21, 50
   invertido 16, 23
Açúcar mascavo
   Caramelo com manteiga salgada e 82, *83*
   claro 16, 23
   Toffee de mel e 111
Aditivos 48
Alecrim 22, *59*
   e azeite de oliva 68, *69*
   e sal marinho 91
Amano 16
Amanteigados
   de chocolate e chá verde 143
   milionários 112
Amedei *12*, 16, *19*, 22, *60*
Amêndoas
   Biscoitos de chocolate com *nibs* de cacau 146
   Bolo de chocolate 141
   Bretons de chocolate 144
   Castanha e pralina 40
   Chocolate branco fino com amêndoas fatiadas 99
   Confit de laranja 88
   cristalizadas cobertas com *gianduia* 102
   Crocantes de chocolate 122
   Dacquoise de amêndoas e avelãs 36–37
   Dacquoise de chocolate e pralina 120
   Financier de chocolate com *curd* de maracujá 172
   Financier de chocolate com ganache de *yuzu* 141
   Florentines 100
   Floresta Negra 177–78
   Latte de chocolate branco e *matcha* com bolo de chá verde 213
   Macarons de café 119
   Macarons de chocolate 119
   Ópera de chocolate e pistache 193–94
   Pasta pralina 158
   Rochers de chocolate 112
   Sablés florentine 138
   Sorvete de creme com amêndoas no palito 205
   Suisse rochers 102
   Tarte de caramelo salgado 190
   Tarte de chocolate 165
Amendoim
   Sorvete de chocolate e 202
Amido de milho
   Dacquoise de amêndoas e avelãs 36–37
Amoras
   Granita de chocolate meio-amargo com amoras em calda 209
Anis-estrelado 66, *67*
Armário desumidificador 17
Armazenamento 17, 37
Aromatizantes 48
Assadeiras rasas 17, *27*, *28*, *45*
Avelãs
   Barras *feuillantine* 92
   Base *feuillantine* 54
   Bolo de chocolate e figo 132
   Bolo *feuillantine* com avelãs 120
   caramelizadas cobertas com *kinako* 105
   Confit de laranja 88
   Cookies com gotas de chocolate 146
   Dacquoise de amêndoas e avelãs 36–37
   Dacquoise de chocolate e pralina 120

   do Piemonte *45*, *63*, *64*
   Latte de chocolate branco e *matcha* com bolo de chá verde 213
   Paris Brest de chocolate e pralina 187–88
   Pasta pralina 158
   Sorvete de café e chocolate na casquinha de chocolate 206, *206*
   Tarte de caramelo salgado 190
Azeite de oliva
   Alecrim e 68, *69*
Azeitona
   Caramelo com azeitona preta e tomate 82, *83*

B

Baba de chocolate ao rum 162
Banho-maria 18, *19*, 21, 29
Base *feuillantine* 54
Baunilha *14*, 16, 21
Beurre noisette 172, 213
Bicarbonato de sódio
   Toffee de mel e açúcar mascavo 111
Biscoitos
   Bretons de chocolate 144
   champanhe 195–96
   de chocolate com *nibs* de cacau 146
   holandeses 148
Biscoitos *feuillantine*
   Barras *feuillantine* 92
   Base *feuillantine* 54
   Bolo *feuillantine* com avelãs 120
   Entremet de chocolate meio-amargo e chá verde 185–86
   Rochers de chocolate 112
Blanc, Raymond 172
Bolo
   de chocolate 143
   de chocolate e figo 132
   de chocolate e pistache 135
   de passas ao rum 136
   feuillantine com avelãs 120
   Floresta Negra 177–78
Brioche
   Pasta de chocolate e pralina com 211
Brownies de castanha e gergelim 137
Bryson, Dave 114

C

Cacau
   em pó *12*, *14*, 16
   grãos de *12*, *12*, *14*, *14*
   origens do *12*
   sólidos de 16, 21
Cacaueiro (*Theobroma cacao*) 14
   Criollo *14*, 16
   Forastero *12*
   Trinitário *12*, 16
Café
   e nozes *63*, *65*
   Sorvete de café e chocolate na casquinha de chocolate 206, *206*
   Taça de chocolate com *tiramisu* 195–96
Calda
   de café expresso 195–96
   de chocolate 162, 210
   de kirsch 193–94

   de licor Grand Marnier 175
   de rum 172
Canela
   Rosettes de chocolate com ganache de 144
Capim-limão e gengibre 66, *67*
Caramelos
   com azeitona preta e tomate 82, *83*
   com gengibre 82, *83*
   com manteiga salgada e açúcar mascavo 82, *83*
   com sal marinho 79
   de laranja e vinagre balsâmico 80
   mou com chocolate 114, *115*
   mou com sal marinho 114, *115*
Cardamomo 66, *67*
Cassis
   e hibisco 38, *39*
   Entremet de chocolate, cassis e pera 180
   Frutas de outono 88
   geleia/purê de 124
   Teacakes de 124
   Zimbro e *45*, 74, *75*
Castanha
   e pralina 40
   musse de 169
Cereja(s)
   au kirsch 106
   Compota de 177–78
   Floresta Negra 177–78
   Milk-shake Floresta Negra 214, *214*
Chá verde 72, *73*
   Amanteigados de chocolate e chá verde, 143
   bolo de, 213
   crème brûlée com chá verde, 185–86
   em pó (*matcha*) 33, *58*, 72, *73*, 143, 185, 213
   Entremet de de chocolate meio-amargo e chá verde, 185
   hojicha *58*, 72, *73*
   Latte de chocolate branco e *matcha*, 213
   sencha 72, *73*
   Trufa de chá verde e pistache, 33
Champanhe 38, *39*
Chocolate
   ao leite 16
   branco 16
   Chuao *45*, *63*, *65*
   com camadas de geleia 47
   em camadas 46
   holandês *12*
   meio-amargo 16
   para cobertura *14*, *14*, 16
Clichy, Louis 193
Cluizel, Michel 16
Coco
   Barra de chocolate e 114, *115*
   espuma de 217
   Sorvete de café e chocolate na casquinha de chocolate 206, *206*
   Sorvete de missô e chocolate branco caramelizado na casquinha de laranja e 206, *206*
Compra do chocolate, fatores a considerar 16
Conchagem *14*, 16
Confit de laranja 88
   Chocolate ao leite fino com *confit* de laranja, pistache cristalizado e *nibs* de cacau 99

ÍNDICE REMISSIVO

Conservação do chocolate 17
Cookies com gotas de chocolate 146
Coquetéis
   Brisa Tropical 217
   Martíni de chocolate branco 217
Cozinha comercial *versus* cozinha caseira 17
Cranberry
   Chocolate meio-amargo fino com pistache cristalizado, gergelim torrado e 99
   Damasco e 88
Crème brûlée com chá verde 185–86
Creme chantilly 162
   Chocolate gelado com menta e *214, 214*
Creme de chocolate meio-amargo 190
Creme de confeiteiro com chocolate 187–88
Creme de leite 22, 78
   fresco 16
   para chantilly 16
Creme de manteiga com castanhas e rum 169
Creme de pralina 187–88
Creme diplomata com chocolate 166
Créme fraîche
   Sorvete de iogurte e laranja no palito 205
Creme *mousseline* de pistache 193–94

D

Dacquoise
   armazenamento 37
   de amêndoas e avelãs 36–37
      para cobrir trufas 33
   de chocolate e pralina 120
   de framboesa 190
   whisky de malte único e 35
Damasco
   e *cranberry* 88
   Granita de jasmim e chocolate ao leite com damascos em calda 209
Decorações
   aros de chocolate 154
   bolinhas de chocolate 153
   com relevos 61
   copeaux 153, 214
   desidratadas 68
   espirais 155
   feitas com objetos perfurantes 60
   lâminas 153
   ondas 155
Desfontaines, Pierre 119
Discos de chocolate
   Florentines 100
   Teacakes de laranja 126
Dubuisson, Monsieur *12*

E

Entremet
   de chocolate ao leite, cassis e pera 180
   de chocolate meio-amargo e chá verde 185–86
Equipamentos 17
Espátula 18, 21, 153
Estragão
   e mostarda 70, *71*
   Ganache de estragão e mostarda 48–50

F

Facas 28
Fat bloom 17, *18*
Fermentação *14*
Figo
   Bolo de chocolate e 132
Financier
   de chocolate 172
   de chocolate com ganache de *yuzu* 141

Florentines 100
Floresta Negra 177–78
Folhas de acetato 70, 96
Fondant
   Cerejas *au kirsch* 106
Framboesa *30*, *38*
   Chocolate branco fino com amêndoas fatiadas 99
   e chocolate Toscano *45*, 74
   Pâté de fruits 56
   Tarte de caramelo salgado 190
   Torta *délice* de 182

G

Ganache
   açúcar invertido 23
   básica 22–23
   com infusão ou aromatizada *45*, *48*
   cortando a 28
   de canela 144
   de cereja 193–94
   de damasco 170
   de estragão e mostarda 48–50
   de framboesa 182
   de *gianduia* 64
   de laranja 126, 175–76
   de pistache 122
   de *wasabi* 72
   de *yuzu* 141
   enformando a 28–29
   estabilização 17
   método alternativo 22–23
   método comprovado 22–23
   modelando a 27
Geleia
   chocolate com camadas de 47
   de cassis 124
   de chocolate 195–96
   de laranja 126, 141, 172, 175–76
   de *yuzu* 185-86
Geleia de brilho
   de framboesa 182
   de laranja e chocolate 175–76
   de maracujá 172
Gengibre
   Capim-limão e 66, *67*
   Caramelo com 82, *83*
Gergelim 33, *58*
   Brownies de castanha e gergelim 137
   Champanhe 38, *39*
   Chocolate branco fino com amêndoas fatiadas 99
   Chocolate meio-amargo fino com pistache cristalizado, gergelim torrado e *cranberries* 99
   Latte de chocolate branco e bolo de chá verde 213
   Parfait de chocolate meio-amargo e gergelim 200
   Saquê japonês e *kinako* 38, *39*
   Sementes de gergelim torradas e chocolate ao leite 96
   torrado *63*, 65
Gianduia
   Amêndoas cristalizadas cobertas com 102
   Anis-estrelado 66, *67*
   Avelãs do Piemonte *45*, *63*, 64
   Base *feuillantine* 54
   ganache de 64
   gergelim torrado *63*, 65
   Paris Brest de chocolate e pralina 187–88
   Pimenta Sichuan *45*, 66, *67*

   Sorvete de *gianduia* na casquinha de chocolate *206, 206*
glaçage de chocolate 165–66, 185
gotas de chocolate 18, 21
granita
   de chocolate meio-amargo com amoras em calda 209
   de jasmim e chocolate ao leite com damascos em calda 209
grapefruit
   Confit de *grapefruit* com *nibs* de cacau 105

H

Hermé, Pierre 119, 150
Hibisco em pó 33, *58*
   Cassis e hibisco 38, *39*

I

Infusões *45*, *48*
Iogurte
   Sorvete de iogurte e laranja no palito 205

J

J.S. Fry & Sons of Bristol *12*
Jasmim 68, *69*
   Granita de jasmim e chocolate ao leite com damascos em calda 209

K

Kinako em pó 33
   Avelãs caramelizadas cobertas com 105
   Champanhe 38, *39*
   Saquê japonês e 38, *39*
Kirsch
   Bolo de chocolate e pistache 135
   Cerejas *au kirsch* 106
   Floresta Negra 177–78
   Ópera de chocolate e pistache 193–94
   Pistache cristalizado salgado 87
Koffmann, Pierre 166

L

Ladurée 119
Laranja
   Caramelo de laranja e vinagre balsâmico 80
   Confit de 86
   Sorvete de café e chocolate na casquinha *206, 206*
   Sorvete de iogurte e laranja no palito 205
   Sorvete de missô e chocolate branco caramelizado na casquinha de laranja e coco *206, 206*
   Teacakes de 126
Lavanda fresca 68, *69*
Leite
   Brisa Tropical 217
   Chocolate gelado com menta e creme chantilly *214, 214*
   em pó 21
   Latte de chocolate branco e *matcha* com bolo de chá verde 213
   Milk-shake de chocolate *214, 214*
   Milk-shake Floresta Negra *214, 214*
   sorvete de creme com amêndoas 205
Lenôtre, Gaston 150
Limão-siciliano
   Teacakes de laranja 126
Lyall, Scott 165

M

Macarons
   de café 119

de chocolate 119, 169
  Mont Blanc 169
  de pistache 193–94
maçãs
  caramelizadas com mel 166
  Frutas de outono 88
  Mil-folhas clássico 166
Madeleines de chocolate 130
Manga
  em calda 172
  maracujá e 45, 74, *75*
  purê de 217
Manjericão 58
  e pimenta-do-reino 91
  tailandês 68, *69*
Manteiga 22, 50, 78
  Caramelo com manteiga salgada e açúcar mascavo 82, *83*
  Caramelo com sal marinho 79, *83*
Manteiga de cacau 12, *14*, 14, 16, 21
  dourada 195–96
  mistura de chocolate e 29
Maracujá
  e manga 45, 74, *75*
  Financier de chocolate com *curd* de 172
Marshmallow 124
Martíni de chocolate branco 217
Marzipã com pistache 52–53
Mascarpone
  Taça de chocolate com *tiramisu* 195–96
Massa
  choux 187–88
  de avelãs e amêndoas 190
  de *baba* 162
  de baunilha: Biscoitos holandeses 148
  de cacau 12, *14*, 14
  de chocolate: Biscoitos holandeses 148
  doce amanteigada 124
  folhada 166
Mel 23
  Chocolate branco e *nibs* de cacau 96
  Mil-folhas clássico 166
  Richmond Park 68
  Toffee de mel e açúcar mascavo 111
  Tomilho e mel Scottish Heather 70
Menta 91
  Chocolate gelado com menta e creme chantilly *214*, 214
  fresca 70, *71*
Merengue
  de avelãs 120
  de chocolate 117
Milk-shake
  de chocolate *214*, 214
  Floresta Negra *214*, 214
Missô
  Sorvete de missô e chocolate branco caramelizado na casquinha de laranja e coco *206*, 206
Mistura de chocolate e manteiga de cacau 29
Moldes
  preparando chocolates em 76–77
Molleaux au chocolat 130
Mostarda
  estragão e 70, *71*
  Ganache de estragão e mostarda 48–50
Musse
  de cassis 180
  de castanhas 169
  de chocolate 160, 180
  ao leite 180
  branco e *kirsch* 177–78
  método *anglaise* 160
  método *sabayon* 161
  de damasco 170
  de *mascarpone* 195–96

N

Nibs de cacau 12, *14*, 14, 16, 58
  Biscoitos de chocolate com 146
  Chocolate ao leite fino com *confit* de laranja, pistache cristalizado e 99
  Chocolate branco e 96
  Confit de *grapefruit* com 105
Nozes
  Café e *63*, 65
  Cookies com gotas de chocolate 146
  Crocante de 95

O

Ouro comestível
  em folha *59*, 65, 112, 141, 165, 170, 172, 175, 177, 180, 182, 185, 190, 193
  em pó 195–96
Ovo para pincelar 144

P

Panela para banho-maria 18, 19, 21
Pão de ló
  amanteigado de chocolate 182
  de Alhambra 175–76
  de chocolate para *roulade* 170
    sem farinha de trigo 182
  génoise
    teacakes de laranja 126
  joconde de pistache 193–94
  leve de chocolate 165
  moelleux 177
  para torta Sacher 175–76
Papel-manteiga 27, 29
Pâte de fruits 56
Pâtisserie 150–97
  técnicas de raspagem e modelagem 154–55
  técnicas para o preparo da folha de chocolate 157
Pectina 56
Peras
  em calda de vinho tinto 180
  Entremet de chocolate ao leite, cassis e pera 180
  Frutas de outono 88
Pike, Willie 193
Pimenta
  Manjericão e pimenta-do-reino 91
  Sichuan 45, 66, *67*
Pistache
  Bolo de chocolate e 135
  cristalizado
    Chocolate ao leite fino com *confit* de laranja, pistache cristalizado e *nibs* de cacau 99
    Chocolate meio-amargo fino com pistache cristalizado, gergelim torrado e *cranberry* 99
  cristalizado salgado 87
  Crocantes de chocolate 122
  e chocolate Toscano 45, *63*, 64
  Marzipã com 52–53
  Ópera de chocolate e 193–94
  pasta de 52
  Trufa de chá verde e 33

Pralina
  castanha e 40
  feuillantine 185–86
  pasta 158
Pralus 16
Provando o chocolate 17
Purê de frutas
  de amora 74, *75*
  de cassis 124
  de cereja 193–94
  de damasco 72, *73*
  de framboesas, 30, 38, *39*, 56, 203
  de maçã 74, *75*
  de manga 45, 74, *75*, 217
  de maracujá 217

R

Raspador de metal 18, 153
Relevos, decorando com 61
Rochers de chocolate 112
Roulade de chocolate e damasco 170
Rum
  Baba de chocolate ao 162
  Bolo de passas ao 136
  Bouchée de uvas-passas 117
  Brisa Tropical 217
  Financier de chocolate com *curd* de maracujá 172

S

Sablés
  de chocolate 146
  florentine 138
Sacher, Franz 175
Saco de confeitar 27
Sal 50
Sal marinho 58
  Alecrim e sal marinho 91
  Caramelo *mou* com sal marinho 114, *115*
  Pistache cristalizado salgado 87
  Tarte de caramelo salgado 190
Saquê japonês e *kinako* 38, *39*
Shiso 70, *71*
Soja, grãos torrados e moídos *ver Kinako* em pó
  lecitina de *14*, 16
Sorbet de chocolate e framboesa 203
Sorvete
  de baunilha e calda de chocolate 210
  de café e chocolate na casquinha de chocolate *206*, 206
  de chocolate e amendoim 202
  de *gianduia* na casquinha de chocolate *206*, 206
  de missô e chocolate branco caramelizado na casquinha de laranja e coco *206*, 206
sorvete no palito
  sorvete de creme com amêndoas 205
  sorvete de iogurte e laranja 205
Stanes, Sara Jayne 165
Sudachi (limão japonês): *Parfait* de chocolate branco e *sudachi* 200
Sugar bloom 17

T

Taça de chocolate 195–96
Tapete de silicone 28, 29
Tarte
  de caramelo salgado 190
  de chocolate 165
Teacakes
  de cassis 124
  de laranja 126

ÍNDICE REMISSIVO

Técnicas
    de raspagem e modelagem 154-56
    para o preparo da folha de chocolate 157
Temperagem 16, 18–21
    dicas 21
    pequenas quantidades 19
    por difusão 21
    sobre uma superfície de mármore 19
    temperaturas de temperagem do chocolate para cobertura Amedei 19
temperatura de trabalho 21, 61
termômetro 18, 21, 29, 56
The Coffee Mill e Tobacco Roll, Londres 12
Tiramisu
    Taça de chocolate com 195–96
Toffee de mel e açúcar mascavo 111
Tomate
    Caramelo com azeitona preta e 82, 83
Tomilho e mel Scottish Heather 70, 71
Trufas 24-41
    de chocolate ao leite 30, 30
    de chocolate meio-amargo 30, 30
    cobertura 33
    o que são trufas? 27
Tuile rendado de chocolate 203

U
Uva-passa
    Baba de chocolate ao rum 162
    Bolo de passas ao rum 136
    Bouchée de uvas-passas ao rum 117

V
Validade, período de 4, 23, 45, 48
Valrhona 16
Van Houten, Coenraad J. 12
Vermute: Martíni de chocolate branco 217
Vinagre
    balsâmico 80
    preto japonês 72, 73
Vinho
    suave 166
    tinto 132, 180
Vodca: Martíni de chocolate branco 217

W
Wasabi 72, 73
Whisky: Trufa de whisky de malte único Yamazaki e dacquoise 35
White, Marco Pierre 117, 130

Y
Yuzu (fruta cítrica japonesa) 22, 58, 72, 73

Z
Zimbro e cassis 45, 74, 75

GUIA DE FORNECEDORES

INGREDIENTES

Chocolate para cobertura
Amedei
www.kingsfinefood.co.uk
www.amedei-us.com
www.lario.com.au

Outros chocolates para cobertura
Valrhona – www.chocolate.co.uk
World Wide Chocolate
http://worldwidechocolate.com
Amano Artisan Chocolate
www.amanochocolate.com
Guittard Chocolate Company
www.guittard.com
Michel Cluizel
www.tcfinefoods.co.uk
www.chocosphere.com
Scarffen Berger www.scharffenberger.com
Simon Johnson www.simonjohnson.com
Albert Uster Imports
www.auiswisscatalogue.com/1-CHOC/Chocolate.html

Ingredientes para pâtisserie e chocolate
London Fine Foods www.efoodies.co.uk
Wild Harvest www.wildharvestuk.com

Ingredientes japoneses
Keisho Limited www.keisholimited.co.uk
Atari-Ya Foods www.atariya.co.uk
Asian Food Grocer www.asianfoodgrocer.com

Especiarias e sais
Speciality Fine Foods
www.specialityfinefoods.org.uk
India Tree www.indiatree.com

Chás e cafés gourmet
TeaSmith www.teasmith.co.uk
Square Mile Coffee Roasters http://shop.squaremilecoffee.com/

EQUIPAMENTOS

Equipamentos e moldes para o preparo de chocolate
Deco'Relief www.deco-relief.fr
Home Chocolate Factory
www.homechocolatefactory.com
The Chocolate Mold Factory
www.thechocolatemoldfactory.com
Hilliard's Chocolate System
www.hilliardschocolate.com
Chef Rubber www.chefrubber.com
Chocoley http://chocoley.com
Savour Chocolate & Patisserie School
www.savourschool.com.au
Albert Uster Imports
www.auiswisscatalogue.com/1-CHOC/Chocolate.html

Estêncil (moldes) e decorações
PCB (França) www.pcb-creation.fr
Squires Kitchen www.squires-shop.com
Sugarcraft www.sugarcraft.com

Equipamentos de cozinha
Russums www.russums-shop.co.uk
Amazon www.amazon.co.uk
www.amazon.com
Silicone Moulds.com
www.siliconemoulds.com
Matfer www.matfer.com
Sur la Table www.surlatable.com
Williams-Sonoma
www.williams-sonoma.com
Culinary Cookware
http://www.culinarycookware.com

Utensílios de cozinha e copos
David Mellor Design
www.davidmellordesign.com

LOJAS DO AUTOR

William Curley
10 Paved Court
Richmond upon Thames TW9 1LZ

William Curley
198 Ebury Street
Belgravia, Londres SW1W 8UN

William Curley na Harrods
87–135 Brompton Road
Knightsbridge
Londres SW1X 7XL

www.williamcurley.co.uk

O AUTOR

William Curley começou sua carreira como aprendiz no Gleneagles Hotel, próximo à sua cidade natal na Escócia. Desde então, trabalhou em diversos restaurantes premiados com estrelas Michelin, sob a supervisão de alguns dos mais respeitados *chefs* de todo o mundo, dentre os quais Pierre Koffmann no La Tante Claire, Raymond Blanc no Le Manoir aux Quat'Saisons, Marco Pierre White no The Restaurant, em Knightsbridge, e Marc Meneau no L'Espérance, na França.

Suas habilidades excepcionais como *pâtissier* floresceram durante aqueles anos, levando-o a ser escolhido como Chef Pâtissier no The Savoy, de Londres, onde conheceu a colega de profissão Suzue, que viria a ser sua futura esposa e colaboradora e cuja herança japonesa influencia muitos dos sabores encontrados em suas receitas.

As inúmeras premiações recebidas por Curley incluem *Pastry Chef of the Year* [Chef Pâtissier do Ano] e *British Dessert of the Year* [Melhor Sobremesa Britânica do Ano]. Além disso, em parceria com Suzue, conquistou o ouro representando a Escócia nas Olimpíadas Culinárias, em Erfurt, e em eventos internacionais na Basileia, Chicago, Londres e Luxemburgo. Conquistaram também quatro premiações como Best British Chocolatier [Melhor *Chocolatier* Britânico], além de mais de 25 medalhas de ouro por seus chocolates. Em 2004, William e Suzue abriram sua primeira loja em Richmond, sobre o Tâmisa, e recentemente uma outra na Belgravia, onde junto a uma variedade de itens de *pâtisserie* e criações com chocolate também lançaram o primeiro "Dessert Bar" de Londres. Nessa loja, em uma cozinha profissional, são oferecidos aulas e cursos especializados para crianças e adultos.

O FOTÓGRAFO

Jose Lasheras iniciou sua carreira como fotógrafo em Madri, mudando-se posteriormente para Milão, Itália, onde trabalhou por 10 anos como *freelancer* para diversas publicações na Condé Nast. Em 1996, levou sua incrível habilidade fotográfica para Londres e, hoje, atua regularmente como fotógrafo e pintor para uma grande variedade de clientes, entre eles Burberry e Wedgwood.

AGRADECIMENTOS

Depois de anos de espera, finalmente tive a sorte de encontrar uma editora que compartilhasse minha visão para este livro; por isso, agradeço muito à Jacqui Small e à sua diligente equipe, que tornaram tudo isso possível. Meus agradecimentos a Robin Rout por seu fabuloso trabalho de design, a Abi Waters por sua paciência infinita durante a produção do livro e a Jose Lasheras por sua fotografia profissional e deslumbrante.

Gostaria de agradecer aos *chefs* que me proporcionaram um treinamento fantástico, Pierre Koffmann, Marco Pierre White, Anton Edelmann, Raymond Blanc e Marc Meneau. Sem contar aqueles que me acolheram quando eu ainda era um aprendiz e aos quais serei eternamente grato; Scott Lyall, Willie Pike, Bruce Sangster, Dave Bryson, Benoit Blin, e Ian Ironside que infelizmente não está mais entre nós. E também a todos os *chefs* que trabalham tão duro em nome de nossa linda profissão.

Um agradecimento especial à equipe de jovens e dedicados *pâtissiers* e *chocolatiers* que vêm trabalhando há anos conosco em nossas lojas, incluindo Mi-Jung Kim, Sarah Frankland, Lucie Bennett, Vicki Stroud, Alistair Birt, Stephanie Almeida, Melissa Paul, Rosie Fickling e Libby Wells.

Minha gratidão a Alessio e Cecilia Tessieri, da Amedei, por fornecerem o melhor chocolate para cobertura do mundo, e a Sir Evelyn Rothschild pelo patrocínio contínuo. Além deles, a Sara Jayne Stanes, a especialista em chocolate, John Kennedy da TeaSmith, The Academy of Chocolate, The Academy of Culinary Arts, Ben Elliott e Christabel McConville da Quintessentially, George Vaughan, e a todos da Tannadice.

Agradeço a meus pais e aos de Suzue, e a toda nossa família por seu inestimável apoio emocional.

William Curley

"O talento e a excelência de William eram evidentes desde quando começou comigo no Le Manoir aux Quat Saisons. Seus chocolates e itens de *pâtisserie* são inigualáveis – ele foi um dos primeiros a apresentar criações tão incríveis e inovadoras fora da França. Estou muito feliz por ele estar se destacando profissionalmente nesta área."

Raymond Blanc, *chef* e proprietário do Le Manoir aux Quat Saisons, duas estrelas Michelin

"William possui aquela qualidade extremamente rara – a determinação para ser bem-sucedido que nasce do trabalho duro. Muitos *chefs* mais jovens preferem ser famosos a serem bons no que fazem. William nunca procura atalhos. Ele é um grande merecedor de seu sucesso."

Marco Pierre White, *chef*, apresentador e *restaurateur*

"No The Savoy, William trabalhou para mim como Chef Pâtissier, liderando uma equipe de 21 profissionais. A função o definiu como um *chef pâtissier*, ao passo que sua experiência no mundo da hotelaria e dos restaurantes lhe deu a confiança necessária para abrir suas próprias lojas. William é um dos melhores *pâtissiers* do ramo."

Anton Edelmann, *chef* proprietário do Anton's, escritor e apresentador